Palabras introductorias

Hace unos años decidí darle un rumbo a mi vida y motivado por el auge del turismo en mi país y las oportunidades que en el orden económico representaba para las personas que en él se desenvolvían, decidí estudiar Servicios Gastronómicos en una Escuela de Hotelería. Esa decisión condujo a que, justamente cuando culminaba mi carrera de Licenciado en Educación en la Especialidad de Economía la abandonará y comenzara de cero. Por aquella época, ingresar a uno de estos centros era un privilegio, y cuando se hacía una convocatoria debíamos dormir frente a la escuela para poder obtener un turno y ser entrevistados. Era todo un proceso al que no todos llegaban al final. Imagínese más de mil personas optando por 50 ó 60 plazas. Tuve la suerte de ser uno de los elegidos.

Comencé a estudiar sin vocación y con aquella imagen que durante muchos años se tuvo de esta profesión, de que a ella solo ingresaban las personas que intelectualmente no tenían otra oportunidad. En el camino fui conociéndola y enamorándome. Descubrí que no era el simple acto de transportar dos o tres platos o preparar un cóctel, era un arte que no todos tenían oportunidad de apreciar. No creo haber sido un mal alumno. Durante esta etapa escribí mi primer libro. Libro que fue fruto de mi osadía al querer impartir una asignatura que prácticamente ni conocía, pero de la que no habían profesores: Caja y Chequería. Así pude vincular lo que había aprendido en la Universidad y en la Escuela de Turismo y esa mezcla dio resultados, porque una vez graduado se me permitió continuar como profesor de esa escuela, donde fui aprendiendo muchas cosas junto a mis alumnos.

Luego decidí culminar mi carrera universitaria y comencé a adentrarme mucho más en el sector, publiqué mis primeros artículos, conocí el internet y las bondades que ofrece si es bien empleado; académicamente cursé otros estudios; conocí personas que más que enseñarles me enseñaban y me fui especializando. Siempre me gustaron las ciencias y comencé a interesarme por vincularlas. En la medida que aprendía algo lo llevaba a mis clases y mostraba a mis alumnos las relaciones que se establecían. Durante mucho tiempo me volví un adicto a libros que nada parecían tener relación con lo que enseñaba: arquitectura, investigación de operaciones, estadísticas, contabilidad; decidí aprender a diseñar bases de datos, leí mucho sobre regiduría de pisos, recepción hotelera, visité y trabajé en hospitales, en fin aprendí muchas cosas que luego me serían de utilidad para este segundo intento de libro.

Por una necesidad personal me acerqué al Centro de Estudios Turísticos de La Universidad de La Habana y me inserté como profesor de la Especialidad de Gestión de Alimentos y Bebidas. Conocí a quienes consideraré siempre mis maestros: Oria y René, ambos de especialidades diferentes pero con un bagaje de turismo que parecen una enciclopedia, ellos me motivaron a escribir y René me descubrió muchas más cosas de las que nunca imaginé aprender. Luego, por azahares de la vida, conocí a Georgia y José Ma. y comencé a intercambiar con ellos mi interés en colaborar con la revistas "Gestión de Restaurantes" que ellos difunden electrónicamente y surgió la idea de éste libro que hoy pongo a criterios de ustedes, con la esperanza de que les sea de mucha utilidad.

El autor

Introducción

El plantearse abrir un negocio gastronómico no es cosa sencilla, resulta tan complicado como confuso aún para empresarios con experiencia. El cúmulo de requisitos financieros y otros múltiples obstáculos para enfrentar todo lo que él requiere es un desafío; pero el mayor reto radica en mantenerse en el mercado. La idea de establecer un restaurante exige, además del grado de madurez, una profunda comprensión de la tecnología aplicable, de un buen conocimiento de la conducta de los clientes y del propio sector en cuestión.

Si importante es contar con un equipo profesional, capaz de responder a las demandas de servicios de la clientela a partir de la creatividad y variedad de las ofertas que se hagan; resulta imprescindible al momento de llevar la idea a un proyecto de inversión preguntarse qué es lo que se quiere, a quién, Donde y en qué condiciones se va a ofrecer. Estas cuatro preguntas son la base del proyecto, pero no sólo deben ser enfocadas en éste plano, sino que una vez que se planteen deben ser constantemente respondidas a fin de evitar el fracaso. Esta es una particularidad de las empresas de servicios y muy en especial de los restaurantes por la presencia dos importantes variables intrínsecamente relacionadas: la financiera y la creativa.

Este sector se caracteriza, precisamente, porque si no se controlan los gastos y se ajustan los costos, pero además no se ofrecen productos y/o servicios diferenciados, que el cliente pueda percibirlos y fijarlos en su mente, estará encaminado al fracaso.

Para la materialización de la idea se hace necesario un estudio del mercado; de los posibles competidores; pronosticar la demanda, proyectar las ventas; establecer metas; definir la misión y la visión; el menú y el ambiente que lo rodeará; así como garantizar el equipamiento necesario para su fabricación; estudiar a los futuros proveedores para estandarizar la oferta y diseñar las políticas de compra y aprovisionamiento; seleccionar al personal; estudiar los distintos procesos; fijar normas de calidad y los controles que se aplicarán; estudiar el comportamiento de la clientela y su preferencias, entre otras cuestiones. Todo esto, combinado con el estudio de factibilidad, podrá demostrar que las operaciones del restaurante, en un horizonte de tiempo, permitirán recuperar la inversión y obtener beneficios, marcan el inicio del negocio y el camino para la supervivencia y el éxito.

Al concebir la idea de un restaurante hay que plantearse si el producto o servicio que va a ofrecer le aporta valor al cliente y trazar un plan en función de ello. En esta fase se deben considerar los riesgos que conlleva el proyecto y la preparación para enfrentar los imprevistos que puedan ocurrir, así como comenzar a pensar en "escenarios".

El plan de negocios requiere la preparación de planes y presupuestos iniciales para las funciones más importantes: desarrollo, producción, Marketing, distribución y financiamiento, y, exige tomar múltiples decisiones: ¿a qué clientes o segmentos de clientes se va a dirigir? ¿Cuáles serán los precios del producto y/o servicio? ¿Cuál es la mejor ubicación?, entre otras cuestiones. En segunda instancia se deben poner límites a los riesgos y demostrar que el negocio puede funcionar, que los supuestos operativos del plan son realistas, y que la empresa está en condiciones de tener éxito en el mercado.

Capítulo 1: La empresa hotelera y de Restauración en el Sistema Turístico.

Los mayores niveles adquisitivos de la población y el aumento del tiempo libre del que disfrutan los trabajadores de todos los sectores, ha permitido que se tenga mayor oportunidad de viajar, de lo cual se han beneficiado, líneas aéreas, marítimas, agencias de viajes, turoperadores, y por supuesto los hoteles (Gray, 1994).

La industria del turismo es un soporte básico para equilibrar la balanza de pagos de cualquier país.

Características de las empresas hoteleras.

   a) Rasgos del servicio
- El personal que está implicado en la prestación es parte del servicio ofrecido.
- Los servicios se suministran directamente a personas, no a objetos inanimados.

   b) Estacionalidad y carácter cíclico del negocio hotelero.

El carácter cíclico de la demanda obliga a:

- Modificar precios.
- Ajustar los niveles de compra y de producción.
- Fluctuaciones en la plantilla de personal.

   c) Horario de trabajo: "Un servicio de veinticuatro horas incrementa aún más la necesidad de contar con un personal adecuadamente formado"
   d) Alcance de las operaciones: "Los hoteles son una amalgama de diferentes negocios que llevan a cabo funciones diferentes, con diferentes bases de conocimientos, diferentes puntos de vista, y diferentes tipos de personas, todas trabajando bajo el mismo techo, con un propósito común"(Nebel, 1991; 12).
   e) Carácter impredecible de los problemas, y la urgencia de soluciones: "Cuando se estropea un elevador en una empresa industrial, se rompe el ritmo de trabajo, cuando se rompe un ascensor en un hotel se produce la insatisfacción del cliente".

Características de las empresas de restauración.

No podemos soslayar que en la industria de la restauración son aplicables todos los principios generales de la Organización y Administración de Empresas en general. Sin embargo, y dadas las características de la misma, estamos forzado a tenerlos en cuenta para aplicarlos correctamente.

Teniendo en cuenta la clasificación del Profesor Fernández Pirla las consideraremos como:

1. Empresa de prestación de servicios
2. Empresa transformadora de productos
3. Empresa comercializadora

La primera es la esencial dada la preponderancia de la prestación de los servicios humanos, sean estos institucionales o comerciales, factor este de primordial importancia que conceptuamos, como Bourseau, en que si el mismo no funciona correctamente, resultarán ineficaces e inútiles todos los esfuerzos materiales que se hagan, tanto con anterioridad como posteriormente.

En el segundo término se basa en la necesidad que existe para garantizar una supervisión óptima de la calidad de nuestro producto, el de disponer a todas horas y en todos lugares de un personal capaz de desarrollar todas las actividades eficientemente, tanto administrativas, como técnicas.

Tercero, el juego de múltiples elementos imponderables no impide la previsión exacta de los servicios a prestar, no con antelación de días sino de horas y minutos, es una de las características de importancia de la industria de la elaboración y el servicio de alimentos y bebidas. Estos factores imponderables, imposibles de controlar por ser, en la mayoría, de los casos externos a la institución, dan lugar con frecuencia, a una acumulación de trabajo en ciertos momentos, que se conocen como horas de mayor demanda, momentos picos o puntas, como lo quieran clasificar los diferentes autores. En ocasiones, se presentan de improviso y, muchas veces, fuera de las horas predecibles.

De todo lo anteriormente expuesto podemos decir que:

1. Los gerentes y ejecutivos y mandos de una dependencia no podrán, como dice Taylor, planificar totalmente el trabajo, de cada uno de sus subordinados, por lo menos con un día de antelación y, mucho menos, fijar el tiempo exacto y asignado para hacerlo, ya que trabajamos para dar un servicio a hombres y no a máquinas.

2. La calidad de muchos servicios, por ser inmateriales, y la de no poder prever el momento exacto de la prestación de otros, obliga a los jefes a otorgar a los subordinados un grado de iniciativa muy superior, exigiéndose. Naturalmente, que al personal que se le otorga esta cierta autonomía sea capaz de auto planificarse en su propio trabajo en aquellos momentos, muy frecuentes en la restauración, en que no le será posible recurrir al superior, ya que él es el que está en la primera línea de fuego a la hora de la verdad.

3. No se puede medir el tiempo de trabajo mediante análisis ya que el trabajo dentro de la restauración no es un trabajo repetitivo o cíclico ni uniforme, ni se puede determinar con antelación suficiente, más que de una forma relativa y aproximada; ni el volumen de trabajo a realizar, ni el momento en que debe ser realizada.

Sin embargo, para asegurarse una correcta prestación de los servicios en el área de restauración, serán forzoso al trazar una organización, prever personal suficiente para poder prestar, en los momentos picos, un servicio eficiente y con la calidad que esperan nuestros clientes de nuestra instalación. No podemos dejar de tener en cuenta que se pueden producir muchos tiempos muertos en los que el personal permanecerá prácticamente inactivo, lo que puede aumentar, naturalmente el costo de las horas de trabajo eficaz y reducir aparentemente la productividad del trabajo de los empleados y trabajadores de servicios.

Esta es una servidumbre insoslayable, que debe tener presente todo empresario, gerente o directivo de un negocio de alimentos y bebidas, analizarlas profundamente antes de tomar una decisión y no tratar de salvarla. Esto obliga al personal a ejecutar indiscriminadamente tareas que no están en su competencia específica sin un adecuado estudio de posibilidades y factibilidades, y mucho menos a través de una imposición unilateral. Esto es una cuestión delicadísima, porque chocan violentamente varios criterios contrapuestos: el económico o de rentabilidad que exige la máxima reducción de los costos y el de calidad del servicio, que requiere una gran especialización profesional; el de motivación, porque impedirá la formación de grupos de trabajo homogéneos; el de coordinación, muy difícil al colocar a los hombres bajo diversas dependencias y finalmente, el de control, ya que ningún jefe aceptará la responsabilidad de supervisar el trabajo de personas que no sean subordinadas directos y que pueden, incluso poseer una especialización poco conocida, o desconocida en absoluto, para él.

En este punto es necesario citar la regla de Gelenier:

1. Un jefe debe tener un número de subordinados directos lo bastante limitado para que él pueda efectivamente coordinarlos y controlarlos a todos.
2. Un órgano técnico especializado debe depender de un jefe que conozca bastante de dicha técnica para, por lo menos, hablar el mismo idioma. En el caso contrario, dicho jefe no podrá orientar, programar y controlar eficazmente el trabajo de este órgano.

El factor humano en la empresa de alimentos y bebidas

El cliente de una instalación que brinda los servicios de alimentos y bebidas debe ser considerado por todo el personal que trabaja en la misma, como una persona que nos honra con su presencia; nunca como un ente que paga un objeto o un servicio.

Si coincidimos pues que debemos considerarlo como nuestro invitado, nuestras relaciones con él deben de estar impregnadas de calor humano, porque él al elegir nuestra instalación nos ha otorgado su confianza, y estamos obligados a corresponder esta confianza, dándole la impresión de que se encuentra entre amigos solícitos y atentos a sus servicios. Sin servilismo, ya que puede producir una sensación desagradable en la mayoría de la clientela y que lo vean como una cosa forzada y obligada, además de sentirlo hipócrita de nuestra parte, pero creando con nuestra actitud un clima de confianza y de seguridad tal que el cliente se sienta inmerso en una atmósfera de un verdadero hogar. Esta es la meta que debe aspirar, por ética profesional, todo empleado del servicio de alimentos y bebidas.

Para alcanzar esta meta es necesario que cada trabajador de este tipo de servicio, y sobre todo los que trabajan en contacto directo con el cliente, además de estar en posesión de una completa preparación profesional dentro de su especialidad, tenga el más acto concepto de las relaciones humanas en todos los sentidos. Debe ser capaz de comprender las motivaciones del cliente, cualquiera que sea su nacionalidad, raza, o credo, ideología, costumbre, etc. Por otra parte, debe tener un conocimiento lo más profundo posible de la organización y funcionamiento general de la instalación dentro de la cual trabaja, para poder actuar.

De aquí que al estudiar la organización, sea importante considerar, tantos los aspectos psíquicos o anímicos, como los puramente mecánicos o racionales, ya que cuando pensamos en las horas de mayor demanda, es imprescindible y necesario que todos los medios a emplear: máquinas, utensilios, materiales, etc., estén dispuestos y preparados de la manera más racional y óptima, a fin de evitar esfuerzos inútiles, disminuir la fatiga y facilitar la rapidez del servicio. En fin de cuentas, la racionalización de los servicios ayudará notablemente a los encargados de realizarlos, inspirándoles confianza y seguridad en sí mismo; factor indispensable para crear en los trabajadores el óptimo estado de espíritu necesario para realizar sus tareas con verdadero ánimo de superación.

La restauración, como otros sectores de la actividad turística, impone a la gestión moderna además de la maestría del presente, la del futuro para mantenerse competitivo y en disposición de satisfacer al próximo cliente, por lo tanto, hay que redoblar su eficacia, atención y competencia para no quedarse al margen. Una de las cosas que hay que tener presente en el siglo actual, pleno en procesos de transformación por las conquistas científicas, tecnológicas y culturales, lo plantean los consumidores, en su poder de adaptación a los cambios vertiginosos en un ambiente que tiende a la competencia, por lo que tenemos que tener en cuenta que no son ellos los que cambian sino que son las funciones de las comidas las que evolucionan, y será preciso invertir en equipos y materiales, así como la simplificación de las elaboraciones gastronómicas tendiendo a lograr una óptima estandarización de las tecnologías, y cualquiera que sea la categoría del restaurante del mañana tendrá que amoldarse inevitablemente a estas condiciones.

Sectores de los establecimientos de alimentos y bebidas.

- *Subvencionados o institucionales:* Alimentar grandes masas sin tener en cuenta las ganancias, sólo los costos con un servicio rápido y moderno para satisfacer a los usuarios. Dentro de este grupo se encuentran los Comedores obreros, estudiantiles y de hospitales

- *Comerciales: Tienen* un fin económico, un servicio para obtener ganancias. Comprenden los Restaurantes, Bares, Cafeterías, Centros Nocturnos, Servicios de Banquetes y Protocolo

- *Restringidos versus público en general*
- *Actividad principal versus secundaria*
- *Público o privado*

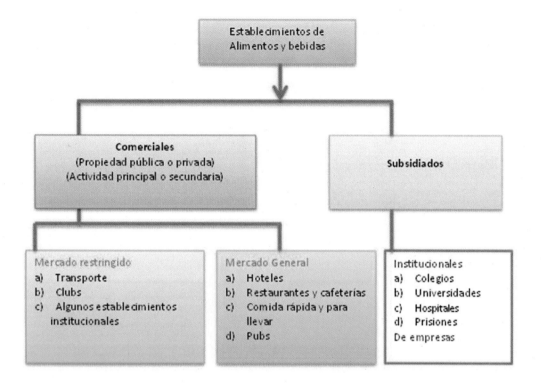

Orientación hacia el costo del mercado

Un negocio de restauración orientado correctamente hacia el costo del mercado no es un negocio orientado solo hacia el costo de producción o de venta del servicio que estoy ofertando, por lo tanto debe tener:

1. Un alto porcentaje de costos fijos.
2. Una mayor confianza en incrementos de los ingresos antes que en decrementos de costos. para contribuir a los niveles de beneficio.
3. Una inestable demanda para el producto.
4. Es más probable que tengan políticas de precios más flexibles.

La restauración es un negocio y como tal debe brindar ganancias satisfaciendo necesidades y gustos de una clientela, mediante una gestión de recursos y procesos.

División de Alimentos y Bebidas

Las funciones de la división de alimentos y bebidas depende del tipo de servicio que se desea brindar al cliente, los cuales deberán satisfacer las necesidades y gustos de la clientela de forma adecuada.

De la diversidad y número de servicios directo al cliente en restaurantes y bares se derivan de las necesidades y complejidades de los diversos departamentos internos y colaterales.

Una vez definidos los departamentos se podrán determinar la cantidad de personal que se requiere y se podrán presupuestar las utilidades que se espera.

Sobre la base de estas definiciones ya estamos en condición de determinar la organización departamental, las características del ambiente de trabajo, definir los tiempos de servicios y se podrá establecer el menú, lo cual permitirá el desarrollo eficaz de las actividades cotidianas de todos y cada uno de los departamentos.

La División de Alimentos y Bebidas cuenta en las grandes instalaciones con un Director o Gerente que se encarga de la planeación y organización de toda el área, al cual le reportan cada uno de los jefes de departamento de su división.

Política a seguir en el trabajo de la División de A & B

Política de producto:

✓ A nivel de bienes materiales

- Calidad superior al tipo estándar en las Materias Primas.
- Mayor higiene en los productos.
- Productos con sabor natural y poca transformación.
- Menús equilibrados fisiológicamente.
- Acento en especialidades y elaboraciones regionales.
- Más creatividad y variedad en las guarniciones.
- Comida caliente, caliente y comida fría, fría.
- Salsas más ligeras y poco densas.
- Amplia oferta: varios menús además de la carta.

✓ A nivel de atributos

- Máxima importancia a la presentación (decoración) de los platos, ya que la vista es el primer elemento generador de satisfacción.
- Darles historia, anécdota y significado de los platos, personalización de las ofertas.
- Mayor ambientación y decoración de los locales, con una música apropiada.
- Decoración de tema, o con personalidad sobre la base de productos naturales.
- Aumento sensible del nivel de confort, de limpieza e higiene en general.
- No regatear los esfuerzos para ser correctos (sino amables).
- Aumento de la fluidez del servicio.
- Mejorar la información al cliente.

Política de producción:

- Mayor y más inteligente utilización de productos adaptados al nuevo estilo de producción y a las épocas del año.

- Substancial aumento de los controles de calidad de las Materias Primas, riguroso control de los gramajes de las Materias Primas, y riguroso control de los productos en refrigeración.
- Máquinas más ergonómicas, más rápidas y que ahorren energía, tendencia a los módulos.
- Mantenimiento constante de la maquinaria, limpieza constante y profunda.
- Programación de la producción en función de las ventas.
- Planificación de los menús, confección de fichas de fabricación y costo.
- Maximizar la rotación de stocks.

Política de distribución:

- Circulaciones de distribuciones adecuadas, racionales y ergonómicas.
- Información completa al cliente acerca del funcionamiento del sistema de distribución (qué, cómo, cuándo, con qué, etc.).
- Perfecta señalización (lugares, productos, precios, etc.).
- Conversaciones de venta.
- Hacer participar al cliente.
- Marketing en la carta (color, formato, explicación, etc.), empleo intensivo del merchandising.

Política de personal:

- Mejorar el sistema de selección.
- Programa de rotación del personal para que garantice su polivalencia y especialización.
- Personal polivalente adaptado a los nuevos sistemas de producción y distribución.
- Exigencia de altos niveles de limpieza e higiene personal.
- Programa de motivación y promoción, con integración del personal a la entidad.
- Definir las funciones de cada puesto de trabajo.
- Formación intensiva y permanente.

Responsabilidades de la Dirección de A & B.

Las responsabilidades básicas de la División de Alimentos y Bebidas son:

➢ La determinación de la política financiera, rentabilidad prevista y limitaciones de los costos del establecimiento.
➢ La determinación del menú basado en la política de marketing que define el mercado que va a ser atendido y proporcionar instalaciones de AyB ppara mercados claramente definidos
➢ La asignación de tareas por puestos de trabajo, detallando las responsabilidades de cada uno de los individuos basadas en la política da calidad establecida para el área.
➢ La presentación del servicio de sala en los diferentes tipos de restaurantes y bares.
➢ La preparación de los platillos en función del menú de cada uno de los diferentes restaurantes.
➢ La compra, recepción, almacenamiento, distribución y preparación de los alimentos y bebidas dentro del establecimiento para provisión final y el servicio al cliente en función del menú.
➢ El continuo abastecimiento de vajillas, cubiertos y cristalería.

➤ El cálculo de las ventas por cada departamento y de cada producto platillo.
➤ El control minucioso de cada departamento en cuanto al servicio que debe producir.
➤ La coordinación y cooperación de los departamentos internos y externos.
➤ La formulación de un eficiente sistema de control dentro del departamento de A & B con el objeto de:

    a) Supervisar los precios de alimentos y bebidas y alcanzar ratios competitivas al tiempo que se aseguran los estándares de calidad.

    b) Fijación de los precios de restaurantes y eventos especiales de manera que se alcanzan los márgenes de beneficio deseados.

    c) Recopilación diaria, semanal o mensualmente, de toda información relevante para el departamento de A & B con relación a costos y ventas que pueden ser utilizados por la dirección para prever, planificar, presupuestar, etc.

    d) Contrastar costos y ventas reales y presupuestadas, e iniciar los procedimientos de control si existen discrepancias, y descubrir las causas, por ejemplo, más control de las porciones, fijación incorrecta de precios, etc.

➤ El correcto uso de los controles preestablecidos según su programa de gestión.
➤ El entrenamiento, la estimulación y motivación del personal de la división.
➤ Obtener de una manera estructurada, sistemática y habitual feedback por parte de los clientes, de tal manera que las reclamaciones, comentarios y elogios de los clientes pueden ser tenidos en cuenta para mejorar el nivel de servicio.

Ampliación de la responsabilidad: La provisión de instalaciones de A & B para un mercado claramente definido, se basa en estudio de responsabilidades del mercado que permita

1- Identificar un vacío en el mercado de la restauración y que productos ofrecer para llenarlo.
2- Dada una localización fija, determinar el producto más adecuado.
3- Identificar una localización para un producto particular, por ejemplo un restaurante steak house.

Es necesario identificar lo que la población de mercado significa para cualquier operación de restauración: mercados cautivos, semicautivos y libres.

Mercado Cautivo: los consumidores son dependientes de las instalaciones de restauración que se les proporciona como pacientes en un hospital, o un empleado de una empresa que tiene su propio restaurante sin que existan otras instalaciones de restauración en los alrededores.

Mercado Semicautivo: existen algunas limitaciones sobre los consumidores con relación a sus comidas. Por ejemplo, el tiempo disponible para fijar ciertas restricciones sobre qué lugar elegir, o la falta de alternativas cercanas.

Mercado Libre: ocurre cuando no existe restricción sobre el consumidor y se da normalmente cuando el cliente come fuera por placer, por encontrarse de vacaciones, etc.

Es necesario clasificar la población de un era de mercado de manera que no permita hacer un análisis en términos socioeconómicos.

El restaurador finalmente identificará cuatro grupos de clientes que son importantes para su negocio:
- El cliente habitual
- El cliente casual
- El cliente de grupo
- El cliente de grupo

Limitaciones en la gestión de A & B.

Factores externos

Políticos:

- Las legislaciones del Estado.
- Cambios en la estructura del país.

Económicos:

- Subidas de costos de alimentos, bebidas, mano de obra, combustibles, intereses y seguros.
- Inestabilidad de las ventas.
- Cambios en los patrones de gastos y en los ingresos disponibles de las personas.
- Expansión de las entidades de crédito.
- Tipos de interés más alto para el capital prestado.

Sociales:

- Cambios en la distribución de la población, por ejemplo, poblaciones moviéndose hacia otras áreas.
- Cambios en los grupos socioeconómicos de esa área.
- Crecimiento de las minorías étnicas, lo cual conduce a la demanda de comidas más variadas.
- Cambios en las modas sobre comidas, por ejemplo, la popularidad actual de las comidas para llevar, la entrega a domicilio de comida rápida, las tendencias de comida sana.

Técnicos:

- Mecanización, por ejemplo de la producción de comida y de los equipos de prestación de servicio.
- Desarrollo de productos, por ejemplo, proteínas de textura vegetal, aumento de la vida de los productos almacenados, alternativas a la carne y los productos diarios perecederos.
- Tecnología informática, por ejemplo, el procesamiento de datos en los establecimientos hoteleros y de restauración.

Factores Internos

Alimentos y Bebidas:

- La calidad de los alimentos perecederos y la necesidad, por lo tanto, de tener una adecuada rotación de stock.
- El mal control del desperdicio y de las porciones a servir.
- Hurtos en cocinas, restaurantes, bares y almacenes.

Personal:

- Escasez de personal en general dentro de la industria.
- Escasez de personal a menudo coincidiendo con los picos en la actividad de venta.
- Exceso de personal coincidiendo con bajadas en la actividad de ventas.
- Ausentismo, accidentes, enfermedades, etc.
- Uso de personal para media jornada, u ocasionales en algunos de los departamentos.
- Mala supervisión y entrenamiento del nuevo personal.
- Alta rotación del personal, sobre todo en determinadas áreas.

Control Económico:

- Control de Caja.
- Mantenimiento de todos los costos en línea con las directrices presupuestarias y los volúmenes actuales de negocio.
- Mantenimiento al día de los costos y precios de todos los ítems de los menús.
- Mantenimiento de un eficaz sistema de control de alimentos y bebidas dando datos estadísticos analizados del negocio realizado.

Componentes del Sistema de Restauración

El producto restauración se compone de los siguientes elementos:

A: Los bienes materiales. Están constituidos por la comida en sí. Los bienes materiales, tanto en el elemento principal de cada plato como en el acompañamiento, estarán determinados por la calidad de la materia prima y por su elaboración (punto de cocción, temperatura, etc.)

B: Los atributos del producto. Están determinados por los elementos que acompañan a la comida. Estos elementos pueden ser físicos (mobiliario, cubertería, vajilla, etc.) Como de servicio (simpatía, rapidez, eficacia, etc.)

C: La extensión del producto. Es el conjunto de satisfacciones que obtiene el cliente al margen de la comida. Hacen referencia al trato que reciben y como se siente en general dentro del restaurante.

I. Subsistema de Marketing: Responden a los gustos y necesidades del consumidor, así como a sus hábitos y costumbres alimentarias.

 - Satisfacer a los consumidores.
 - Analizar, influir y aumentar la demanda.
 - Identificar y explora nuevas oportunidades de negocios.
 - Establecer ventajas competitivas permanentes.

II. Subsistema de Planificación: Responde al análisis de la información del subsistema de marketing, escogiendo y desarrollando las comidas y bebidas a ofertar al cliente con programas de menú aplicando técnicas de merchandising

 - Seleccionar platos que gusten a los clientes y que sean viables su relación técnica y económicamente.
 - Establecer estándares que sirvan de guías.
 - Contribuir a dar una buena imagen del establecimiento.

III. Subsistema de Compras: Satisface las necesidades del subsistema de aprovisionamiento para garantizar correctamente el sistema de planificación

 - Satisfacer necesidades de aprovisionamiento.
 - Firmar convenios con abastecedores con especificaciones de calidad.
 - Proveerse de productos de alta calidad.

IV. Subsistema de Aprovisionamiento: Satisface las necesidades del sistema de producción y trabajo

 - Asegurar la distribución de materias primas.
 - Mantener con calidad el almacenamiento de los productos.
 - Minimizar las pérdidas.

V. Subsistema de Trabajo: Esta físicamente dedicado a la transformación que sufre un producto desde que llega hasta que sale como un plato preparado listo para el consumo por el cliente

 - Asegurar un flujo corto y rápido.
 - Flexibilidad en los cambios de gusto y de volumen de la demanda.
 - Mantener la calidad en todo proceso.
 - Es la base de las ventajas competitivas permanentes.
 - Emplear hombres con alta profesionalidad.

VI. Subsistema de Producción: Se basa en la producción de comidas y bebidas de forma correcta, manteniéndose dentro de los límites establecidos por los objetivos de la organización

- Organizar toda la preparación de comidas.
- Planificar la producción de alimentos.
- Asegurar los niveles de calidad constante.

VII. Subsistema de Servicio: Máxima atención a las actividades de servicio en lo que se refiere atención al cliente

- Llevar el producto al consumidor.
- Presentación del producto atractivamente.
- Proyectar la imagen del restaurante.
- Satisfacer las expectativas del cliente.

VIII. Subsistema de Control: Asegurarse que las tareas responden a los objetivos establecidos con antelación y controlando que todas las tareas se lleven a cabo

- Lograr el cumplimiento de los objetivos y expectativas.
- Medir los niveles de costo/ganancias.
- Corregir desviaciones.

Visión de los años noventa en la Restauración Moderna

- Debemos crear y conservar clientes para toda la vida. Nada es más importante como la percepción que el cliente tiene de tú restaurante.

- Debemos maximizar el verdadero potencial de todos los miembros de nuestro equipo. Haremos del trabajo en equipo una realidad diaria.

- Debemos entregar resultados financieros consistentes y superiores. Trataremos siempre de exceder las expectativas.

- Debemos dar la bienvenida al cambio, arriesgar y aprender de nuestros errores. Con confianza aceptar los retos y aventurarse en cosas nuevas.

Capítulo 2: ¿Cómo debe ser un administrador de restaurante?

Como gran parte del contenido de este libro está dirigido a los administradores de restaurantes, comenzaremos por definir cómo debe ser un administrador. Nuestra experiencia nos ha permitido vivenciar que, muchas veces, las propias organizaciones restauranteras abogan porque quien dirija el establecimiento sea una persona con un amplio dominio técnico o destrezas propias de la actividad. Es cierto que mientras más se conozca cómo debe ofrecerse el servicio, mucho mejor será éste. Sin embargo, existen otras competencias y/o habilidades que deben formar parte de un directivo; sobre todo las relacionadas con el proceso de gestión y que muchas veces no son tenidas en cuenta en el momento de asignar una tarea de índole gerencial en este sector y que conducen al fracaso.

En otras ocasiones se ha expresado ya, que el restaurante es una empresa y lo primero que debe saber hacer su administrador es interpretar las relaciones internas y externas que la organización establece con sus clientes, proveedores, personal y la comunidad. De ahí que se diga que una de las competencias de este director es la de comprender que la organización en la que se desenvuelve es un sistema y que vive del medio que lo rodea y mientras mejor le sirva, más rápida será su consolidación y crecimiento.

En este aspecto el administrador de restaurante debe ser capaz de entender las razones que motivan los distintos comportamientos de los grupos y organizaciones con los que interactúa, conocer la estructura de su organización; estudiar e identificar cada uno de los nuevos acontecimientos o situaciones que afectan a la empresa y que van desde la entrada al mercado de nuevos competidores y/o productos, hasta el desarrollo de tecnologías que ejercen una influencia sobre los distintos procesos de trabajo.

Saber administrar los recursos de los que dispone deviene igualmente en una competencia de este profesional y para ello debe identificar los diferentes problemas que se forjan, saber descomponerlos en partes y analizarlos; reconocer información relevante que contribuya a la toma de decisiones y comprender las relaciones causa – efecto de éstas, coordinando los recursos disponibles y asegurando los que no tiene a partir del establecimiento de prioridades.

Debe ser capaz de planificar, asentando eficazmente las distintas metas y estableciendo las acciones, plazos y recursos necesarios para la consecución y cumplimiento de las mismas; organizar el trabajo y administrar los tiempos de forma adecuada; asimismo, emprender los recursos de seguimiento de información a las mismas.

La propia operatividad de la actividad de servicios demanda que sea hábil para gestionar y/o rectificar las acciones implementadas producto de la planificación y que van a estar presididas por la capacidad que tenga de modificar las pautas del trabajo cuando surgen dificultades o cambios, encausándolos hacia los objetivos establecidos.

Debe saber controlar, diseñando las distintas estructuras y procedimientos que garanticen que cada uno de los trabajos tribute a los objetivos establecidos y comprobando la exactitud, calidad y fiabilidad de la información que procesa a partir del seguimiento sistemático de las distintas tareas para aplicar o sugerir acciones correctoras cuando se requiera.

Con el propósito de mejorar la calidad de los servicios y la seguridad y eficiencia en cada una de las operaciones, el administrador de restaurantes debe actuar con sentido de oportunidad para modificar o promover los cambios en los distintos procesos a fin de superar los estándares de desempeño, utilizando indicadores que le permitan medir y comparar los resultados obtenidos.

Detectar anticipadamente las oportunidades y amenazas del entorno, así como también las fortalezas y debilidades de la organización para dar una mejor respuesta al mercado y la consecuencia de los cambios que pueden ocurrir, previendo y elaborando todas las alternativas posibles.

Pero aunque el directivo sea capaz de encausar a la organización hacia el logro de los objetivos y metas propuestas, conduciéndola al éxito; en este sector la conjugación de estas competencias y habilidades precisamente por las características en las que se mueve este tipo de negocio, requieren del trabajo en equipo comenzando por lograr en el colectivo la comprensión de lo que se quiere y comprometiéndolos en todos y cada una de ellos compartiendo información y anteponiendo los objetivos del equipo a los objetivos personales.

El gran dilema: ¿producción o servucción?

La servucción es un vocablo para identificar al proceso de "fabricación" de un servicio. P. Eiglier y E. Langeard lo definen como *"la organización sistemática y coherente de todos los elementos físicos y humanos de la relación cliente - empresa necesaria para la realización de una prestación de servicio cuyas características comerciales y niveles de calidad han sido determinados"*

Un restaurante es una empresa en la que se ofrecen alimentos y bebidas por un precio para ser consumidos o no en el local que ocupa. Estructuralmente está compuesto por dos áreas principales que se subdividen en sub áreas. La primera es el salón comedor y la segunda es la cocina. En ambas se fabrican servicios, *primero* porque, para que el servicio se dé, se requiere de mano de obra, en este caso de un personal de contacto, *segundo*, porque se precisa de un elemento material equivalente a las máquinas y equipos y, *tercero*, porque se necesita de un beneficiario del servicio, que es el cliente.

Estos tres elementos son los componentes del sistema de servucción de este tipo de instalación, aunque se deben considerar dos elementos más, en concordancia con los que plantean estos dos autores que son: el sistema de *organización interna*, que viene siendo la parte no visible en la empresa (oficinas, almacenes) y los *"otros clientes"*, que son todos los que interactúan entre sí y con el personal de contacto.

Todos estos elementos que componen la servucción están interrelacionados en formas reciprocas y bidireccionales estableciendo relaciones de tipo primarias, o sea, las que vinculan a la empresa con los clientes; relaciones internas, las que unen a la parte visible de la empresa con la no visible y de correlación que se establecen entre los clientes.

La base de todo proceso en el restaurante es la satisfacción del cliente, es por ello que requiere de la concepción rigurosa del diseño del servicio que se ofrecerá, partiendo de definir las características y restricciones que lo conformarán, el segmento de mercado al que se dirigirá, así como la capacidad de servicios que puede asumir, relacionando todos estos elementos para poder obtener el resultado deseado. Igualmente se deben gestionar los distintos flujos, a fin de poder dar respuesta a la demanda que se puede generar y no afectar la calidad del servicio.

A diferencia de cualquier empresa productora, en los restaurantes se fabrican servicios y simultáneamente se ofrecen, por lo que en relación a calidad deben ser evaluadas todas las interacciones necesarias para que este se produzca. No obstante, se realizan acciones a favor de la calidad mediante mediciones y sondeos entre la clientela empleando instrumentos cualitativos cuantitativos que permiten obtener una visión de la misma; con cierta periodicidad se controla el proceso de servucción que comprenden el análisis de las propias instalaciones (soporte físico) y el personal de contacto y su relación con la clientela para descubrir todas las cuestiones que deben ser corregidas; se diseñan e instrumentan Sistemas de Gestión de la Calidad para los que se crean Círculos de Calidad en los que se da participación a los empleados de la organización a fin de mejorar los procesos, dados el nivel de conocimientos que éstos tienen sobre los clientes.

Capítulo 3: Consideraciones básicas para el diseño de restaurantes

El diseño de un restaurante es vital para poder brindar un servicio de calidad, el no poner atención a este aspecto el resultado se verá reflejado en pérdidas por remodelación, pérdidas en la operación, tanto de tiempo como en materias primas, así como, dificultad en el control y seguimiento del elemento humano y material.

Un referente para este tipo de construcciones lo es el libro "El Arte de proyectar en arquitectura" de Ernst Neufert. En él se exponen todas aquellas cuestiones de índole constructiva que deben ser tenidas en cuenta para restaurantes de distintos tipos y con distintos fines: aeropuertos, trenes, hospitales, etc.

Cada país emite sus propias normas, fundamentalmente en relación a aquellas que deben ser cumplimentadas para su clasificación. No obstante todas coinciden en que los puntos más importantes a considerar al diseñar un restaurante son los siguientes:

o Circulación: Considerar las rutas a seguir por los clientes y el personal de servicio, posiciones y otros requisitos de espacios de corredor, pasillos, entradas y salidas.
o Decoración: Decidir el esquema básico de interiores, así como todos los aspectos constructivos para crear el carácter y estilo del restaurante.
o Organización de mesas y asientos: Teniendo en cuenta el acceso, servicio, ventanas y otros aspectos del salón comedor, preparar el esquema interior mostrando la organización de mesas y asientos.
o Pavimento: Considerar la construcción del pavimento y seleccionar revestimientos de suelo adecuados, teniendo en cuanta la decoración de salón y demás condiciones como por ejemplo: La intensidad de uso, grado de confort, materiales aislantes de ruido, facilidad de limpieza, etc.
o Paredes: Examinar la selección de revestimientos y recubrimientos de paredes pensando en la posibilidad de variar el acabado superficial en caso de manchas, raspaduras y desgaste.
o Techo: Decidir la construcción y acabado apropiado para el techo, teniendo en cuenta su altura, decoración, riesgo de incendio, regulación de la calefacción, ventilación, iluminación, y la necesidad de incorporar nuevos servicios.
o Accesorios y equipo: Seleccionar y diseñar expresamente los accesos y equipos adecuados para el salón, incluyendo mobiliario integrado y otras unidades y detalles decorativos.
o Mobiliario: Especificar detalles del mobiliario: tipo, estilo, calidad, cantidad y requisitos en cuanto a fabricación y diseño.
o Ruido: Considerar la necesidad de reducir el ruido que entra del exterior y de la cocina.

o Ventilación: Examinar las disposiciones para calefacción y ventilación adecuadas a las condiciones variables.

o Iluminación: Decidir los niveles apropiados para la iluminación funcional, el grado de variación de la iluminación y medios de regulación.

o Protección y seguridad: Revisar el riesgo de incendio, accidentes y otros peligros, considerando las previsiones de escape en caso de que ocurran estos.

o Control: Determinar situación diseño y servicio de los muebles de caja, puestos para el servicio y demás unidades precisas para el funcionamiento y control del restaurante.

Diseño del área de cocina

Se entiende como área de elaboración o cocina el lugar donde se preparan, elaboran y conservan los platos y composiciones culinarias. En la misma se encuentra instalado el equipamiento necesario, tanto mecánico como de funcionamiento con diferentes tipos de energía, fuego, refrigeración y climatización, el mobiliario, medios de protección, herramientas, utensilios y accesorios.

Su diseño debe responder a:

1. Políticas de abastecimiento: Considerar la política de compras, preparación de la comida y selección del menú en relación al tamaño de la cocina, personal, equipamiento y costos de inversión.
2. Almacenamiento de la comida: Analizar el método de adquisición de comida, disponibilidad de suministros locales, zonas de almacenaje requeridas para verduras, secos, almacenamiento de congelación y refrigeración.
3. Control: Métodos de control de existencias, recuento y pesado de productos, almacenes y refrigeradores de cocinas secundarias.
4. Espacio de preparación: Determinar las necesidades de espacio para la preparación de los platillos.
5. Distribución: Distribución de rutas de circulación de alimentos, acceso cómodo a almacenes, cocina y servicio, zonas de trabajo, etc.
6. Zonas de cocción: Decidir el tipo de equipo requerido en función de la política de abastecimiento, selección de la carta y demanda.
7. Distribución del equipo: Planificar corredores y espacios de trabajo del equipo, en relación con la preparación y el servicio de los alimentos.
8. Servicios de ingeniería: Decidir requisitos de ventilación, calefacción especial, iluminación, suministros de agua caliente y fría, servicios eléctricos y de gas, depósitos de desperdicios y drenaje.
9. Mantenimiento: Considerar las necesidades de mantenimiento: acceso, espacio de trabajo, limpieza y recambios, así como almacenaje de materiales de limpieza.
10. Construcción: Decidir materiales para suelos, paredes y techos, así como, necesidades en cuanto a drenaje, higiene, limpieza, durabilidad, reducción de ruido, reflexión de luz, acceso a servicios.
11. Administración: Disposición de espacios para la supervisión y actividades administrativas.

12. Normas de higiene en alimentos: Analizar requisitos legales de inspección y normas sanitarias.
13. Eliminación de residuos: Disponer de espacios para el almacenaje de desperdicios y acceso de camiones de basura, así como, canalizar adecuadamente los desperdicios líquidos a la alcantarilla pública.

Particularmente en este tipo de instalación se deben asegurar las condiciones estructurales que permitan que se aplique el "Principio de marcha hacia delante", o sea, que no se produzcan retrocesos o cruzamientos alguno con alimentos sin procesar ni con basuras, desperdicios e insumos usados por los clientes, desde el momento en que son recepcionadas las mercancías en el andén, su traslado al almacén y las diferentes áreas de preparación, cocción y terminación de los alimentos y bebidas, hasta su envío a los salones o áreas del servicio gastronómico para ser consumidos por el cliente.

Diseño del área de servicios (salón – comedor)

Los salones o áreas para la prestación de los servicios gastronómicos se diseñarán y proyectarán en correspondencia con los antes mencionados criterios generales, teniendo especial cuidado en la distribución del mobiliario, los espacios entre clientes y para el servicio entre mesas, la iluminación, cromatismo, aislamientos de ruidos y los entrecruzamientos, desde la cocina, de olores de las preparaciones.

Medición de la capacidad del restaurante

Una medida adecuada de la capacidad del restaurante sería similar a las mediciones de capacidad de otros negocios – siendo la misma unidad de producción para una unidad determinada de tiempo. Los aspectos a tratar son la producción específica y la cantidad de tiempo a medir. De esta manera se deben contar la cantidad de clientes procesados atendidos totalmente durante un periodo de cena dado.

Éste término denota la culminación de un ciclo de servicio, el cual se puede definir como la secuencia completa de los pasos de servicio que agregan valor desde el saludo hasta el sentado del cliente, pasando por el cobro de la cuenta y terminando en el momento en que la mesa está preparada y lista para recibir a otro invitado. De ahí que el primer paso para calcular la capacidad es medir el tiempo del ciclo del servicio.

Herramientas asociadas a la capacidad y su uso óptimo

Un dato esencial en los modelos de planificación o de programación de servicios es la capacidad ideal requerida en cada período comprendido en el horizonte de programación (Corominas et al., 2004). Cuando no existen instrumentos para acoplar la demanda y la capacidad productiva, el valor medio de esta última en cada período tiene que ser superior a la demanda media prevista para el mismo, pero dicho valor no es observable o previsible directamente, sino que depende de la demanda prevista y del nivel de servicio que se desea alcanzar. Los procedimientos para calcularlo han sido objeto de una atención relativamente escasa en la literatura.

La primera particularidad que posee el sector restaurantero es que si no se calcula bien o se cumplen con los principios de diseño establecidos para el servicio, se verá afectado el mismo. Otra cuestión es que una vez que se ha construido el local, o adaptado el mismo, para las operaciones, se dificultará el hecho de responder a una demanda creciente. Es por eso que la determinación de la capacidad instalada y el buen uso que de ella se haga representan el primer aspecto a tener en cuenta para la consecución de los objetivos económicos y sociales que se planteen. Un administrador no puede fijarse metas por encima de lo que realmente sea capaz de asumir.

Erróneamente muchos restauranteros piensan que mientras más comensales asuman mayor será el beneficio que recibirá el restaurante. No valoran el costo de la satisfacción que eso implica y el retardo que para cocina y el propio dependiente representa al momento del servicio.

Cálculo de la capacidad de asiento conociendo el espacio que se ocupará

Cuando se conocen las dimensiones del espacio que ocupará el área de salón se puede aplicar el método del cálculo del área y determinar la cantidad de comensales que se pueden asumir en un momento de máxima carga.
Según normas internacionales se sabe que el cliente promedio ocupa aproximadamente un metro cuadrado de espacio incluyendo las mesas y sillas y si a esto se le agregan 20 cm por concepto del espacio que ocupan los pasillos, aparadores, etc., en general van a ser necesarios $1.20m^2$ por persona.

Para hacer la operación del cálculo y determinar la cantidad de clientes que se pueden asumir en un salón, se deben tener como datos el largo y ancho y multiplicarlos, el resultado de la operación se divide entre la suma del espacio para cliente, según el tipo de establecimiento, más $0,20$ m^2 y el cociente será la cantidad aproximada de personas que el salón podrá asumir en un momento de máxima carga.

Matemáticamente se representa de la siguiente forma:

$$C = \frac{L(m) x\ A(m)}{e(m) + 0.20m^2}$$

Dónde:

C=	Capacidad instalada
l=	Largo del restaurante (metros)
A=	Ancho del restaurante (metros)
e=	Espacio que ocupa el cliente según el tipo de establecimiento
$0,20$ m^2 =	constante de espacio para servicio y mobiliario

Rangos estándares que ocupa cada cliente en los distintos tipos de establecimientos es el siguiente:

Cafetería con comida – 85cm^2 – 100cm^2
Fuente de Soda – 65cm^2 – 100cm^2
Restaurante de Lujo - 100cm^2 – 200cm^2
Servicio Banquetes - 150cm^2 – 250 cm^2

Este tipo de cálculo es solo aplicable a locales donde ya se conoce el espacio disponible y se precisa determinar qué capacidad es posible asumir en un momento de máxima carga y por consiguiente distribuir el mobiliario.

Cálculo de la capacidad de asientos conociendo el área donde se construirá el restaurante

Cuando solo se conocen las dimensiones de un área que se convertirá en un restaurante, no es posible aplicar el procedimiento anterior. En este caso será necesario determinar las dimensiones que ocuparán el salón y la cocina aplicando otro sistema de cálculo.

Para ello es importante conocer que las dimensiones deben ser adecuadas a los servicios que deben rendir. Una vieja regla plantea que el tamaño óptimo de una cocina es el de las tres cuartas partes (3/4) partes del salón o menos, pero nunca menos de la mitad de su superficie. Sea cierta o no esta regla, lo importante es conocer que cuando el espacio es insuficiente se imponen limitaciones, ya sean desde el punto de vista de personal, equipamiento, almacenamiento, etc.

En este supuesto se debe proceder de la siguiente forma:

Primero: Se determinan los espacios para el salón y cocina aplicando la regla del porcentaje: Al área asignada se aplica el 60% para el salón y el 40% para la cocina que ocupará las ¾ partes en tamaño del total del salón:

$$Espacio \ = Área \ Total \ x \ (\frac{\%}{100})$$

Segundo: Conociendo ya las dimensiones del área que ocupará el salón, se determina la cantidad de comensales que se pueden asumir en un momento de carga total aplicando el procedimiento ya revisado y se procede a definir las ubicaciones de las mesas y sillas, atendiendo a las normas establecidas para este tipo de actividad, cuidando que se dispongan de opciones para los siguientes grupo de mesas acorde a sus dimensiones.

Capacidad	Cuadradas	Redondas
Mesas de dos personas	(75x75 cm)	
Mesas para cuatro personas	(75x75 cm)	90 -100 cm de diámetro
Mesas de cuatro a cinco comensales	(120x75 cm)	105 cm de diámetro
Mesas para seis personas	(150x75 cm)	120 cm de diámetro
Mesas de seis a ocho comensales	(180x75 cm)	150 cm de diámetro
Sillas	(50 cm)	50 cm

En la literatura consultada no existe una metodología propia para determinar cuántas mesas por tipo y capacidad puedan ser ubicadas dentro del salón. No obstante, conociendo el área del restaurante, los rangos estándares que ocupan cada cliente en correspondencia con la categoría y tipo de servicio que se ofrecerá, las dimensiones de las mesas según su capacidad, podrá determinarse cuántas de ellas podrán ser ubicadas en el salón, teniendo en cuenta los siguientes aspectos:

1. Las mesas para las parejas deben estar ubicadas preferentemente en los espacios que ocupan los ventanales
2. Las mesas con mayor capacidad deben estar ubicadas en el centro del salón
3. El otro grupo de mesas se ubica en el resto de los espacios respetando la estética (alineación de sillas y mesas)

La capacidad de servicio

Un punto para comenzar en la medición de la capacidad de servicio de un establecimiento es verificar las vías para medir la capacidad de producción de una planta de producción. La capacidad de producción a menudo se expresa como un determinado volumen de producción durante un período de tiempo determinado. Probablemente la cantidad de piezas fabricadas por turno es la mayor medida. Para acercar la atención, los administradores a veces cuentan también la cantidad de piezas por hora, por departamento, o incluso por maquinaria de producción. Para calcular en qué grado se utiliza la capacidad de la planta, los administradores de una fábrica miden cuántas piezas se ha producido en una planta completa al final de un periodo de tiempo dado, comparando estas cifras con una capacidad clasificada de óptima para la maquinaria que fabricó esas piezas. La comparación brinda una medida de eficiencia de producción de la fábrica.

Sin embargo el cálculo de porcentajes similares para las operaciones de servicios resulta complejo, debido fundamentalmente a que no existen normalmente unidades tangibles de producción. Para resolver ese problema, muchos negocios de servicios en su lugar calculan algún tipo de porcentaje de ocupación y además cuenta también el volumen total de las ventas (es decir la productividad o el ingreso).

Para los restaurantes, los períodos de tiempo comparables son más pequeños y notablemente más variados. Comúnmente, la medida es una parte del día (tal como el desayuno, el almuerzo o la comida) pero cada restaurante define esas partes del día de maneras distintas. Esa variabilidad en las medidas de tiempo ha dificultado la comparación y el cálculo de la eficiencia del restaurante.

Como resultado, los administradores de restaurantes utilizan solamente medidas de volumen abiertas, tales como las cuentas por cubiertos diarias y los porcentajes de productividad por asiento.

Medición de la duración del servicio y cálculo de la capacidad máxima de asiento

La duración del ciclo de servicio no es más que el tiempo que ocurre desde que el cliente arriba a la instalación y es ubicado en una mesa hasta que es despedido. La medición del mismo es importante para establecer acciones con un doble efecto sobre la demanda, ajustando éste acorde a sus necesidades.

En un restaurante, esta medición puede apoyarse en el proceso que se sigue para el servicio al cliente. En este caso para que se puedan interpretar mejor los tiempos se sugiere se registren en minutos.

Acción	Tiempo
Arribo del cliente, saludo y ubicación en la mesa	
Saludo, entrega de la carta menú y toma de la orden de la bebida	
Servicio de la bebida y toma de la orden de la comida	
Servicio de la comida y cliente solicita cuenta	
Dependiente solicita cuenta en caja y entrega al cliente	
Cliente revisa la cuenta, efectúa el pago y dependiente ingresa en caja	
Dependiente realiza devolución de haberla y acompaña a cliente para despedirlo	
Desbarazado de la mesa y monta para atender a un nuevo cliente	
Duración total	Σ

Cuestiones a tener en cuenta:

a) El tiempo del ciclo de servicio incluye el tiempo ocioso para sentar al cliente y volver a preparar la mesa.
b) Las horas de servicio incluyen solo aquellas cuando los clientes pueden estar sentados (esto no incluye aquellos tiempos de operación de la cocina o del salón de cenar)
c) El marco de tiempo debe ser un período de comida por hora, pero se puede agregar también en partes del día, día total, semana, mes o año.
d) Los tiempos del ciclo de servicio y las horas de operación se pueden calcular en fracciones de una hora, pero los minutos por lo regular son una medida más fácil de aplicar. De este modo el plan de cuatro horas del restaurante equivale a 240 minutos

Al descomponer en factores el tiempo del ciclo de servicio con la cantidad total de asientos disponibles, se puede calcular la ocupación máxima de un restaurante para cualquier día o parte del día.

$$\text{Capacidad máxima de asientos} = \frac{\text{\# de asientos x horas del servicio}}{\text{Tiempo del ciclo de servicio}}$$

Cálculo de la capacidad óptima de mesas

Este cálculo se puede emplear en aquellos establecimientos que desean determinar en lugar de las cuentas por asiento la cantidad de mesas.

$$\text{Capacidad óptima de mesas} = \frac{\text{Cantidad de mesas x horas del servicio}}{\text{Tiempo del ciclo de servicio}}$$

Pocos restaurantes pueden operar al cien (100) por ciento de su capacidad por largos períodos, y ninguno trabaja a plena capacidad en todos los momentos. En particular, los restaurantes no pueden lograr ese nivel de eficiencia debido a los hábitos temporales de los clientes y su elección de comer cuando les apetece salir a cenar. La habilidad de los administradores de restaurantes es emplear esta capacidad de la forma más eficiente, sin tener en cuenta cuán cargado se halle el restaurante. El éxito del restaurante proviene en gran medida del control eficaz de la capacidad de una operación.

Identificar el uso de la capacidad

A pesar de que resulta relativamente sencillo calcular la capacidad potencial de un restaurante, se debe ver más allá del simple cálculo para establecer objetivos realistas para el uso de las instalaciones de la operación.

Los objetivos de este tipo se deben establecer para cada unidad individual, pero al fijar estos se pueden hacer alusión a determinados puntos de referencia o a normas establecidas por la industria para tipos de restaurante.

Un cálculo simple es la cuenta por cubierto real por día o parte del día dividida por la capacidad óptima de sentado (o de mesas) para igual período de cena

$$\text{Porcentaje de capacidad del restaurante} = \frac{\text{Cuenta por cubierto real}}{\text{Capacidad máxima de asiento}}$$

Acciones que contribuyen a incrementar el rendimiento

El conocer el porcentaje de la capacidad puede ofrecer a los administradores información para el análisis de la eficiencia, los resultados operativos y la rentabilidad. Este de tipo de información le permitirá al administrador aplicar las siguientes tácticas a fin de incrementar el rendimiento de la instalación:

- Reducir la carga pico: Estimular a los clientes a que cenen fuera del pico ofreciendo incentivos como premios al cliente (un descuento, un plato por la casa, etc.) que arriba a una hora equis, por supuesto que esa hora se fijará antes o después de la hora pico del restaurante.
- Aumentar las tasas de producción: Consiste en reducir el ciclo de servicio, lo cual además de permitir atender a más clientes, aumentará la idea del valor de la experiencia en el restaurante, a partir de la disminución en la percepción del cliente del tiempo de espera.

- Reducir la eventualidad: Diseñando un sistema de reservaciones, el cual le permitirá controlar la llegada de los clientes y comenzar a reducir el ciclo de servicio.
- Ganar refinamiento: A partir de la aplicación de todas aquellas herramientas que permitan el control de las operaciones como el cálculo de la capacidad, teorías de colas, modelando los servicios, definiendo procesos y mejorándolos, la simulación, la programación lineal y el pronóstico.

Determinación de la dotación de insumos

Por regla se dice que los insumos de servicios y de apoyo a éstos se determinan a partir de la identificación de la cantidad de comensales que la instalación sea capaz de asumir en un momento de carga total y por el menú que se ofrece, que también visionará las necesidades de maquinarias y equipos para la producción y oferta del servicio, permitiendo establecer políticas de compra y planificación de reposiciones de los mismos.

En la literatura consultada, el autor pudo apreciar que no existe uniformidad en relación al procedimiento a seguir para determinar estas necesidades, que vienen a convertirse en imprescindible para el buen desempeño de la actividad, dado a que la carencia de un insumo específico, para un pedido específico, en un momento específico afecta la calidad del servicio y conduce a la pérdida de clientes, influyendo en la duración del ciclo del servicio y conllevando en la mayoría de los casos a la pérdida de ingresos al no poder atender al siguiente cliente.

En la metodología que propone el autor, resultado de la consulta realizada a los distintos manuales de normas y procedimientos de las cadenas turísticas del país, se establecen índices de consumo basados en la experiencia de la explotación hotelera, además del criterio de expertos, que de ningún modo deberán ser tomados como "absolutos"
Se parte primero del principio de que cada instalación tiene sus características específicas, y por tanto deberá adaptar su cálculo atendiendo a las particularidades de cada una de ellas.

Igualmente en opinión del autor aquellas instalaciones que posean valores de indicadores estadísticos de consumo, basados en un período de explotación representativo, podrán tenerlos en cuenta, siempre que la calidad de los servicios no se afecte y que los costos de explotación no aumenten.

A continuación se muestra como ejemplo una parte de la tabla correspondiente al Módulo de Dotación y Reposición de Insumos de Bares, el cual es anexado a la presente.

Cadena : Ejemplo de cálculo							
Módulo de dotación y Reposición de Insumos para Bares							
PLAZAS = 64				BARES = 1			
No.	DESCRIPCION	UM	DOTAC.	CANT.	% REPOS.	REPOS.	TOTAL
1	Abridor múltiple para botella	u	Plaza	0.1	0.05	0.005	0.105
2	Abridor de coco (2 por bar)	u	Bar	1	0.1	0.1	1.1
3	Abridor de pared y/o mostrador	u	Bar	1	0.1	0.1	1.1
4	Azucarera acero inoxidable	32 oz	Bar	2	0.2	0.4	2.4
5	Bandeja circular	30 cm	Plaza	0.1	0.5	0.05	0.15
6	Bate de madera dura (2 por bar)	20 cm	Bar	1	0.1	0.1	1.1

- La columna No. refleja el orden numérico consecutivo de los productos a considerar.
- En la columna Descripción, se escribe la denominación del insumo.
- La columna UM, contiene las unidades de medidas de los diferentes insumos.
- En la columna Dotac., se refleja el nivel de dotación del producto.

El procedimiento de cálculo se ilustra mediante ejemplo, para que pueda ser mejor comprendido:

Ejemplo: La bandeja circular de 30 cm de diámetro, tiene un nivel de dotación por plaza. Esto quiere decir que para su planificación habrá que partir del número de plazas. En este caso es 1.

- En la columna Cant., se establecen los índices de consumo iniciales o cantidades iniciales del insumo.

Ejemplo: La bandeja circular de 30 cm de diámetro, tiene un nivel de dotación por plaza. Por tanto, su cantidad inicial es de 0.1 unidades por plaza. Esto significa que, para un bar de 64 plazas, será necesario considerar una cantidad inicial de 0.1 x 6.4 = 6.4 bandejas (el redondeo lo dejamos por conveniencia para el final).

- En la columna % Repos., se da el porciento de reposición anual (en tanto por uno) del insumo.

Ejemplo: La bandeja circular de 30 cm de diámetro, tiene una reposición anual de 0.5 o sea de un 0.5 x 100 = 50%.

- En la columna Repos., se refleja la cantidad a reponer anualmente del insumo, tomando como base la cantidad inicial y su reposición anual.

Ejemplo: Anualmente deben reponerse en el bar de 64 plazas (debido a roturas o pérdidas de imagen del producto) una cantidad de 6.4 x 0.5 = 3.2 bandejas.

- En la columna Total, se refleja la dotación inicial del insumo, válida solamente para la apertura del local y durante su primer año de explotación, ya que para planificaciones futuras, deberán utilizarse los indicadores dados en la columna Repos., siempre y cuando no se varíe el número de plazas.

Ejemplo: La bandeja circular de 30 cm de diámetro, tiene un nivel de dotación por plaza. Entonces su cantidad inicial es de 0.1 unidades por plaza. Esto significa que para un bar de 64 plazas, será necesario considerar una cantidad inicial de 0.1 x 32 = 6.4 bandejas. Este insumo tiene una reposición anual de 0.5, o sea de un 0.5 x 100 = 50%. Significa que anualmente se deben reponer en el bar de 64 plazas (debido a roturas o pérdidas de imagen del producto) una cantidad de bandejas de 6.4 x 0.5 = 3.2 bandejas. De esta forma la dotación inicial del producto será de 6.4 + 3.2 = 9.6 bandejas, o sea 10 bandejas.

Hay insumos que cuyo nivel de dotación no está dado por plazas, sino por bares, mesas u otros. En este caso el procedimiento de análisis es el mismo, con la única diferencia de que hay que multiplicar los indicadores por el número de bares o de mesas, etc.

De esta manera, la parte calculada de la tabla para el bar de 64 plazas quedaría de la siguiente forma:

Cadena: Ejemplo de cálculo						
Módulo de dotación y Reposición de Insumos para Bares						
Bar: Ejemplo						
PLAZAS = 64		BARES = 1				
DESCRIPCION	UM	DOTAC	CANT	% REPOS	REPOS.	TOTAL
Abridor múltiple para botella	u	Plaza	3.2	0.05	0.16	3
Abridor de coco (2 por bar)	u	Bar	2	0.1	0.2	2
Abridor de pared y/o mostrador	u	Bar	6	0.1	0.6	7
Azucarera acero inoxidable	32 oz	Bar	2	0.2	0.4	2
Bandeja circular	30 cm	Plaza	3.2	0.5	1.6	5
Bate de madera dura (2 por bar)	20 cm	Bar	2	0.1	0.2	2

Como se pudo observar en la tabla anterior, en la columna Repos., la mayoría de las cantidades a reponer anualmente son menores que la unidad. Esto significa que el insumo en cuestión, deberá reponerse en un período de tiempo mayor, lo cual da margen suficiente para elaborar los indicadores estadísticos y aplicarlos.

En otros casos no es así, lo que puede apreciarse en otra parte de la misma tabla. En esta es evidente que la cantidad a reponer anualmente, que es la que se debe planificar, a partir del segundo año de explotación, es mucho mayor que la unidad en la mayoría de los casos.
Esta situación, como es lógico, está ligada a la fragilidad y durabilidad de los insumos.

Cadena: Ejemplo de Cálculo							
Módulo de dotación y Reposición de Insumos para Bares							
Bar "Mirador"							
PLAZAS = 64				BARES = 1			
No.	DESCRIPCION	UM	DOTAC	CANT	% REPOS	REPOS	TOTAL
38	Taza p/ café con su plato	2 oz	Plaza	64	1	64	64
39	Vaso de composición	16 oz	Bar	8	0.5	4	10
40	Vaso de cristal	12 oz	Plaza	192	1.5	288	480
41	Vaso de cristal	14 oz	Plaza	128	1.5	192	320
42	Vaso de cristal	10 oz	Plaza	192	2	384	576

Por último, en el caso de la lencería, se efectuarán los cálculos del modo siguiente:

Número: Refleja consecutivamente el orden numérico de los artículos.
Descripción: Denominación detallada del artículo a tratar.
Dotación: Monta a considerar por utilización del artículo.
Rotación: Es la cantidad de montas o rotaciones a contratar. Se debe tener en cuenta al calcular la lencería en el caso de restaurantes dentro de instalaciones hoteleras si tiene o no lavandería – tintorería, ya que el índice tendería a disminuir.
Cantidad: Es el total de la multiplicación de rotación, dotación y concepto de utilización del artículo.

La determinación de la cantidad de insumos deviene en factor importante para el desarrollo exitoso del servicio, razón que se traduce en mayor número clientes satisfechos y mayor ingreso, así como la disminución del tiempo de servicios y disponibilidad para atender a otros clientes.

Capítulo 4: Gestión del mantenimiento en el restaurante

En las instalaciones turísticas una gran parte del producto que los usuarios compran está relacionado con el medio físico. Desde que el cliente arriba a la instalación, recibe un sinnúmero de percepciones que van desde el entorno exterior hasta aquellos recursos internos como el mobiliario, ambientación, limpieza, iluminación, señalizaciones, salidas de emergencias, entre otras, que conducen a una evaluación inconscientemente de la misma. Estas percepciones son las que definen muchas veces la calidad. El cliente pide confort y no explicaciones; además, ellos desean instalaciones en condiciones soberbias, en términos de limpieza y conservación.

El proceso de deterioro de la instalación y del equipamiento comienza desde el momento mismo que ésta inicia sus operaciones y muchos factores son impulsores del mismo: el paso del tiempo y los eventos naturales (lluvias y sol), la variedad de clientes que pueden acudir a él, con patrones de conductas diferentes y el uso continuado de la misma. Ocurre muchas veces que ese proceso de deterioro, tanto del edificio, las áreas externas, el mobiliario, la maquinaria es tan gradual, que el propio personal de la instalación, por estar expuesto continuamente a estos cambios, no lo perciben.

En toda instalación gastronómica, además del personal de servicios existe personal de apoyo a los mismos y entre ellos se encuentra el departamento o el encargado del mantenimiento cuya función es garantizar la conservación y mejoramiento del medio físico así como el óptimo funcionamiento de toda la maquinaria que interviene en el proceso productivo y de servicio. Prever que no haya fallas en el servicio por la ocurrencia del mal uso y/o roturas deviene en factor importante para la consecución de los objetivos financieros que se plantea la organización.

El aprovechamiento de la capacidad de producción.

Los restaurantes disponen de medios para producir el servicio y lógicamente requieren de un aprovechamiento y conservación adecuados a fin de prolongar su vida útil y no ver afectada la oferta. Aquí se incluye el estado técnico del propio inmueble.

El plato o el cóctel que se le sirve al cliente son el resultado final de todo un proceso de elaboración "fabricación" que se ha visto auxiliada por un horno, una batidora u otro equipo de uso mecánico o electromecánico impulsado en la mayoría de los casos por energía eléctrica. El empleo eficiente de las capacidades de los mismos, devienen en una necesidad para la organización, motivado por las siguientes razones:

- El máximo rendimiento y recuperación rápida de la inversión de que fue objeto.
- Se puede alargar el proceso de inversión en equipos con condiciones y para un uso similar.
- La depreciación ocurrirá de forma más lenta por lo que tendrán menor influencia en los costos de la organización.
- La reposición del mismo podrá realizarse en un término matizado por la selección adecuada, en el momento adecuado y al mejor precio posible pues se dispondrá del tiempo necesario para evaluar las condiciones y características a las que se aspiran.

Tabla 1: Principales medios que intervienen en la fabricación de alimentos y bebidas

- Cafetera	- Batidoras	- Hieleras	- Mesa fría y caliente
- Neveras	- Dispensadores	- Fregadoras	- Hornos
- Cocina	- Plancha	- Lasqueadoras	- Amasadoras
- Freidoras			

La mayoría de estos equipos consumen agua, energía eléctrica y requieren de cierta especialización y/o dominio de manipulación.

Es indispensable para el administrador determinar la capacidad productiva de estos medios, que de una manera u otra garantizan la satisfacción del cliente, y así efectuar control sobre los mismos a fin de realizar las planificaciones de mantenimiento necesarias para su uso racional.
El profesor de la Universidad de Oriente Segismundo Mojicar Caballero en su artículo *"Contribución del Mantenimiento al aprovechamiento de la capacidad de producción"* propone un grupo de herramientas que el autor ha considerado importantes para el administrador restaurantero, dado a que las mismas permiten realizar un análisis de la causas que pueden generar fallas en el servicio, así como resultan útiles para el proceso de estudio, control y

planificación de las acciones de mantenimiento de los recursos con los que cuenta la organización.

Generalmente se compran medios para la producción en cocina y en bar y no se determinan las capacidades productivas y potenciales de los mismos poniéndolos en funcionamiento sin una adecuada preparación del personal que los manipulará, así como se sobre-explotan adelantando su desgaste.

En su artículo el autor señala que una de las causas que genera un bajo aprovechamiento de la capacidad de estos medios radica en que se han diseñado procesos incompatibles con las metas trazadas por la organización.

Se hace necesario, tanto como saber cuántos clientes es capaz de atender el restaurantes en un momento de máxima carga o al haber una explosión de venta, conocer cuánto y hasta Donde es capaz de producir el equipamiento del que se dispone. Cuántas veces se deben realizar acciones de mantenimiento al mismo y con qué soluciones cuenta la instalación ante el advenimiento de una rotuna no planificada.

En el proceso de esta investigación, el autor pudo comprobar que aunque se diseñan planes de mantenimiento en las instalaciones gastronómicas de muestra, no se definen las capacidades productivas y potenciales de cada uno y no se prevén compras de accesorios como reserva ante roturas. No sucediendo así con el estado técnico del edificio, para los cuales se tienen previstos los insumos básicos para dar solución inmediata

El primer paso que debe dar el restaurantero es identificar las capacidades reales de cada uno de los medios técnicos con los que cuenta para el servicio que ofrece a partir de la determinación de la capacidad productiva potencial y disponible de cada uno de ellos

Una vez determinados estos indicadores, corresponde al personal especializado programar, de acuerdo a los usos y características de cada uno, los mantenimientos a que serán sujetos. Esto consecuentemente permitirá a los encargados de su manipulación, así como a la propia organización crear las condiciones necesarias para no afectar el servicio que se ofrece y en los que intervienen cada uno de ellos. En el anexo # se muestra la planificación de una instalación gastronómica.

Igualmente, para el administrador del restaurante resulta útil la aplicación de las herramientas que más abajo el autor describe, pues le permitirá evaluar aquellas cuestiones que puedan haber incidido en determinados resultado de la organización y que hayan sido influenciados por acciones de mantenimiento, así como para el proceso de planeación y presupuestación de la organización.

Determinación de las unidades producidas en un período de tiempo.

$$UP = C_{max} \times CC \times TC \times A \times UT$$

Donde:

UP: Unidades producidas
C_{max}:   Capacidad máxima de producción instalada
CC: Coeficiente de aprovechamiento de la capacidad
TC: Tiempo calendario planificado para el cumplimiento de la misión productiva (dias)
A: Disponibilidad técnica operacional de los equipos de producción
UT: Utilización de los equipos de producción

Es importante reconocer que en esta expresión el aprovechamiento máximo de la capacidad instalada de producción depende de:

1. Factores que afectan el tiempo planificado de producción (A y UT)
2. El factor que afecta el empleo temporal de la capacidad máxima instalada (CC)

Los tres factores incidentes en el máximo aprovechamiento de la capacidad instalada de producción dependen de la fiabilidad de los equipos de producción y por tanto de su mantenimiento técnico y de las soluciones organizativas adoptadas por la empresa para el aseguramiento de esta gestión

Determinación de la disponibilidad técnica operacional.

$$(A) = \frac{TC - \sum TEM}{TC}$$

Donde:

$\sum TEM$ Es tiempo total en espera por mantenimiento, es decir el tiempo total que se pierde durante todas las intervenciones de mantenimiento (de rutina, planificado y no planificado) que han tenido lugar en TC. Este término considera además del tiempo en reparación del fallo todas las fracciones de tiempo perdido en el aseguramiento de la intervención (detección del fallo, logística, etc.)

$TC - \sum TEM$: representa el tiempo en que el equipamiento está técnicamente disponible para la producción. El aumento de (A) se logra prácticamente mediante la reducción de $\sum TEM$ por:

- Reducción de la frecuencia de fallos, lo que conduce a menor cantidad de casos de mantenimientos no planificados en el tiempo TC.
- Disminución del tiempo de duración de cada intervención de mantenimiento, mediante una correcta organización y soporte de la gestión. Deben considerarse que existen diferencias marcadas entre $\sum TEM$ para mantenimiento no planificado ($\sum TEMnp$) y para el mantenimiento planificado ($\sum TEMp$)

Estas diferencias se explican por lo siguiente: Cuando se demanda un mantenimiento no planificado por la ocurrencia sorpresiva del fallo de un componente del sistema, el tiempo perdido puede desglosarse en las siguientes fracciones

$$\sum TEMnp = Td + Tl + Tr + Tp$$

Siendo

T_d tiempo de detección del fallo y evaluación de su trascendencia a otros componentes.
T_l, Tiempo de aseguramiento logístico (tecnología, materiales, piezas de repuesto, fuerza laboral, etc.).
T_r: Tiempo de reparación propiamente (incluido el tiempo de acceso al componente averiado)
T_p: Tiempo de prueba

Para la reparación del mismo componente $\sum TEM\ p < \sum TEMnp$ debido a que $T_d + T_l$ deben ser 0
Por otro lado un mantenimiento no planificado restablece la capacidad de trabajo del equipo solo hasta el estado que este tenía antes de fallar (reparación mínima) mientras que la intervención planificada puede restituir un nivel de capacidad de trabajo mucho mayor, obteniéndose así una menor probabilidad de fallo en el período de explotación siguiente.

Determinación del tiempo de utilización.

Utilización (UT)

Esta expresión refleja el tiempo que estando el sistema técnicamente disponible, este se encuentra siendo utilizado en la labor productiva (ecuación 4)

$$UT = \frac{TCxA - \sum TP}{TCxA} = \frac{TO}{TCxA}$$

Siendo:

TO Es el tiempo que el sistema está en operación y se obtiene de la aplicación de la siguiente fórmula:

$TO = TCxA - \sum TP$ y $TC\ x\ A = TC - \sum TEM$ es el tiempo que el sistema está técnicamente disponible. $\sum TP$ Es el tiempo perdido (sin operar el sistema) por causas ajenas al mantenimiento o a fallos.

Las causas que pueden provocar una pobre utilización del tiempo técnicamente disponible están estrechamente relacionadas al diseño del sistema y al mantenimiento.
Las características del proceso de producción que inciden en la baja utilización del tiempo técnicamente disponible son fundamentalmente:

✓ Estructura en serie de los componentes del sistema. En este caso la indisponibilidad técnica de uno de los componentes (estado de fallo) origina la no-utilización de los restantes componentes.

✓ Falta de materia prima y otros recursos

✓ Carencia de fuerza laboral.

Determinación del coeficiente de capacidad.

Coeficiente de capacidad (CC)

Durante el tiempo de operación no siempre el sistema funciona a capacidad máxima. Durante determinados períodos puede estar explotándose solamente un por ciento determinado de esa capacidad.

$$CC = \frac{\sum_{i=l}^{n} C_i \times TO_i}{C_{max} \times TO}$$

Siendo:

C_i Valor parcial de capacidad a la que se explota el sistema durante un periodo de tiempo de operación $TO_i (C_i \leq C_{max})$ y n es la cantidad de niveles de capacidad a la que se ha explotado el sistema durante TO, de tal suerte que $\sum TO_i = TO$

Los valores bajos del coeficiente de aprovechamiento de la capacidad se deben generalmente a:

1. Las materias primas no cumplen con los requisitos especificados en el proceso de compra, lo que obliga a disminuir el régimen de trabajo del sistema o emplear mucho más tiempo para la elaboración u obtención del producto.
2. Mal estado técnico del medio
3. Poco dominio del operador del sistema

Sobre el coeficiente de capacidad, desde el punto de vista del diseño de la producción, inciden las siguientes características:

1. Rigidez del proceso de producción: Lo que quiere expresar la imposibilidad de que los semiproductos puedan tomar diferentes rutas dentro del proceso de producción.
2. Existencia de buffers de semiproductos que permiten amortiguar las pérdidas de capacidad o baja utilización de algunas etapas del proceso mediante el suministro de semiproductos a las etapas siguientes.

Segismundo propone que este coeficiente de capacidad (CC) sea expresado como una fracción de tiempo perdido a través de:

$$T\,Prc = \sum \left(\frac{C_{max} - C_i}{C_{max}} xTO_i \right)$$

Donde TO_i es el tiempo de operación que el sistema trabaja por debajo de su capacidad máxima a un valor dado C_i y TP_{rc} es el tiempo perdido por reducción de explotación de la capacidad.

A partir de esto, si se incorpora el término TP_{rc} al tiempo perdido de producción por causas ajenas al mantenimiento y los fallos del sistema, se puede recalcular la utilización (según la ecuación 4) de la capacidad instalada.

$$UTT = \frac{TCxA - \sum TPrc + \sum TP)}{TCxA}$$

Donde: UTT es la utilización de la capacidad instalada.

Se puede observar que, en mayor o menor grado, los últimos tres elementos anteriores, dependen del estado técnico del sistema y por lo tanto de la efectividad con que el mantenimiento asegure un nivel de fiabilidad necesario para la satisfacción de los objetivos de producción.

Capítulo 5: Diseño del menú

El menú es la oferta básica de un restaurante. Su composición suele ser variada y más o menos amplia y agrupa, por lo general, toda la oferta del establecimiento. Cuando esta relación escrita de platos se realiza en grupos homogéneos y cada uno de ellos incluye un número relativamente alto de platos, puede denominarse Carta.

La composición de las diferentes ofertas gastronómicas del establecimiento, sean Menú, Carta u otras similares, se realizarán de acuerdo con:

a) La legislación correspondiente a cada tipo de establecimiento, la cual suele regular las normas sobre el menú de la casa y el número de especialidades de la carta. Conviene señalar que las empresas de restauración tienen cada vez mayor libertad a la hora de elaborar sus ofertas.
b) Las existencias de la cocina y almacén.
c) La capacidad de abastecimiento del mercado local.
d) La capacidad económica de compra y de almacenamiento del establecimiento.
e) La época del año en que se ofrecen.

Por lo que concierne al menú propiamente dicho, cabe señalar que éste puede ofrecer numerosas denominaciones, pero básicamente se concentran en:

El menú básico que puede estar formado por un primer plato, un segundo plato y el postre. El segundo plato, por regla general, suele incluir una carne, un ave o un pescado y el precio de dicho menú es global; en él, además, se incluyen agua o vino y pan y el *Modelo de menú convencional*, con cuatro grupos y un plato en cada uno de ellos. En él aparecen los datos que deben figurar en todo menú.

Herramientas asociadas al análisis del menú

Todo restaurante basa sus estrategias en alcanzar sus objetivos de costos, ganancias, comercialización y satisfacción de la clientela a partir de un menú bien planificado, con precios bien establecidos para el segmento de mercado al que se dirige.

Desde hace muchos años especialistas del tema han combinado y/o adaptado diversas técnicas como la Matriz de Crecimiento Compartido de Marketing de Henderson, combinándolos con los elementos del volumen de ventas de productos del menú de Miller o el margen de contribución a la ganancia de Kasavana y Smith con el objetivo de identificar qué productos deben recibir un precio o una posición diferente en la oferta y así lograr los promedios de ventas necesarios para disminuir el costo de los alimentos, una adecuada ganancia, satisfacer al cliente y logra posicionarse en el mercado.

El profesor René Gómez Eyía plateaba que *"Es la combinación de estos elementos: porcentaje de costos de los alimentos, volumen de ventas, popularidad y margen de contribución, la que se debe emplear para diseñar un menú que logre simultáneamente, ingresos totales óptimos, costos bajos de los alimentos, altas ganancias brutas y buena aceptación por parte de nuestra clientela"*

La ingeniería de menú (menú engeniers):

En 1982, dos científicos norteamericanos Michael Kasavana y Donald Smith desarrollaron una técnica denominada Ingeniería de Menú, en la cual en lugar de depender del costo del producto alimenticio, plantearon incrementar el margen de contribución promedio a partir del mix del menú. La misma se ideó con la intención de conocer las preferencias de los clientes con relación a la oferta, así como identificar aquellos productos que deben recibir un precio o una posición diferente para lograr los promedios de facturación necesarios, disminuir los porcentajes totales de costo de alimentos, recibir una adecuada ganancia y brindar una óptima satisfacción al cliente.

Esta es una técnica que se caracteriza por su rapidez y facilidad de análisis de sus resultados, aunque exige un abastecimiento estable que garantice la presencia de la oferta en los días que se realiza el análisis y que todos los productos (platos del menú) estén en plaza para cuando sea solicitado por el cliente.

A partir de la experiencia práctica adquirida a partir su aplicación, el autor considera necesario tener en cuenta los siguientes aspectos:

➢ La aplicación de esta técnica se debe realizar cuando el menú tenga un periodo de envejecimiento que lo haga conocido por los clientes del restaurante
➢ El período de tiempo nunca debe ser menor de 15 días, mientras mayor sea este tiempo más fidedignos serán los datos para el análisis.
➢ Se debe trabajar a todo el menú de una instalación y a grupos de platos homogéneos por separado. El menú en su totalidad informa sobre el comportamiento de éste para la satisfacción de los clientes los grupos de platos homogéneos (Entrantes con entrantes, carnes

rojas con carnes rojas) muestran la competencia de cada plato dentro del grupo y el nivel de rendimiento.

➤ El cálculo de la popularidad media se debe basar en los análisis de la media geométrica del grupo de platos analizados ya que la misma está fundamentada en la media del índice de venta y el de presentación.

Las preguntas básicas que se debe hacer el administrador al momento de su aplicación son:

1. ¿Cuántos platos se venden de cada producto?
2. ¿Cuántas veces se presentan los productos en el período de tiempo que se hace el estudio?
3. ¿Qué popularidad tiene cada producto?
4. ¿Cuál es el costo de los alimentos de cada oferta?
5. ¿Cuál es el precio unitario de cada plato que se oferta en el menú?
6. ¿Qué cantidad de dinero se gana con cada plato servido?
7. ¿Cuáles son los costos, precios y márgenes de contribución totales de cada plato servido?
8. ¿Cuál es la popularidad promedio del producto menú?
9. ¿Cuál es la contribución promedio del producto menú?
10. ¿Cuál es la clasificación cada producto de acuerdo a la rentabilidad y popularidad?

Para facilitar este trabajo de cálculos se debe confeccionar una tabla con los indicadores primarios que se necesitan la cual se compondrá de las siguientes columnas:

1	2	3	4	5	6	7	8	9	10	11	12
Producto	CUV	IV	CPre	IPre	Ipop	Cu	Pv	MBG_{plato}	C_{Total}	V_{Total}	MBG_{Total}
Totales	∑		∑			∑	∑	∑			

Donde:

1- Producto	7- Costo unitario del producto
2- Cantidad de unidades vendidas	8- Precio de venta unitario
3- Índice de venta	9- Margen de contribución unitario
4- Cantidad de presentaciones	10- Costo total
5- Índice de presentación	11- Venta total
6- Índice de popularidad	12- Margen bruto de ganancia total

Aplicando la siguiente metodología de cálculo

A) Índice de ventas: Indica la proporción que le corresponde a la venta de un producto dentro del total.

$$IV \frac{CUV}{\sum CUV}$$

B) Índice de presentación: Indica la proporción con que aparece un producto en la oferta con respecto al total de presentaciones en su conjunto, durante un período determinado.

$$Ipre\,\frac{CPr}{\sum Cpre}$$

C) Índice de popularidad: Indica el nivel de aceptación de cada producto dentro de la carta general. Se obtiene de la relación entre el índice de venta y el de presentación.

$$Ipop\,\frac{IV}{Ipre}$$

D) Índice de popularidad medio: Es el índice medio de nuestra oferta por parte del cliente.

$$\overline{IPop} = (Ip1)(Ip2)(Ip3)\dots(Ipn)1/n$$

E) Margen Bruto de Ganancia por plato: Se obtiene a partir de la diferencia entre el precio de venta de un producto y el costo del mismo.

$$MBG_{plato} = Pv\ del\ plato\ \ - Cu\ del\ plato$$

F) Margen Bruto de Ganancia Total: Se obtiene a partir de la diferencia entre el precio de venta de un producto y el costo del mismo.

$$MBG_{total} = \sum(Pv\ x\ CUV) - \sum(Cu\ x\ CUV)$$

G) Margen Bruto de Ganancia Ponderada: Se calcula a partir de la sumatoria del MBGT de cada producto, dividido por la cantidad de productos que se ofertan.

$$MBGP\,\frac{\sum MBG_{total}}{Total\ de\ productos\ que\ se\ ofertan}$$

Una vez realizado cada uno de los cálculos, se elabora un gráfico que responda a la estructura siguiente:

A partir del siguiente análisis:

Margen Bruto de ganancia	Índice de popularidad	Clasificación del producto
Alto	Alto	Estrella
Bajo	Alto	Vaca
Alto	Bajo	Incógnita
Bajo	Bajo	Perro

Algunas de las acciones a realizar según la clasificación del plato son las siguientes:

Tipo de producto	Características básicas	Acciones particulares a emprender
Estrella	MBGP alto e IP alto. Productos o servicios solicitados. Al mismo tiempo que tienen un MBGP alto Contribuyen en gran medida a la fama del destino turístico	• Mantener normas rígidas de calidad • Mantener la publicidad atractiva • Poner a prueba la elasticidad del precio, si la demanda casi no decrece, entonces se puede aumentar el precio de venta de un 5 a un 10% aproximadamente.
Vaca	MBGP bajo e IP alto Productos populares (muy solicitados), pero tienen un MBGP bajo Atraen a menudo a los clientes por su precio razonable y, por tanto, ofrecen una fuente sólida de ingresos	• Poner a prueba la elasticidad de los precios si el producto es muy sensitivo a las variaciones, proponer un precio de venta que facilite la misma y llevar control de los costos. • No desarrollar los máximos esfuerzos en publicidad y promoción para estos productos • Intentar bajar los costos del producto para incrementar su MBGP • Tener en cuenta la posibilidad de reducir la oferta sin variar el precio, sin que ello tenga una influencia importante en la demanda
Incógnita	MBGP alto e IP bajo	• Eliminar el producto, sobre todo si su IP es muy bajo, requiere mucho trabajo y no contribuye a la imagen de la oferta en general • Efectuar una publicidad y promoción mayor • Bajar el precio de venta, si sobre todo tiene un MBGP muy alto (tener en cuenta la elasticidad de la demanda) • Limitar el número total de productos incógnitas en el global a un 20% del total de productos
Perro	MBGP bajo e IP bajo Producto que hace perder dinero, no es popular y tiene un MBGP bajo	• Eliminar el producto • Aumentar el precio de venta para llegar al nivel de incógnita al menos

Ingeniería de precios

Frecuentemente ocurre que muchos administradores de restaurantes aplican la Ingeniería de Menú y reaccionan ante los resultados de forma intuitiva lo que, en opinión del autor, no es la solución más adecuada, pues la tendencia es a incrementar los precios de los platos más populares y retirar de la oferta los que no ofrecen beneficios, conduciendo esto a la inserción de nuevas ofertas que exigirán de un envejecimiento en la carta menú para iniciar un nuevo estudio que puede conducir a los mismos resultados.

Un plato *Perro* no necesariamente tiene que ser eliminado de forma inmediata, quizás una ubicación privilegiada en la carta sea suficiente para que el cliente opte por el mismo y aumenten sus niveles de venta. Igual ocurre con un plato *Vaca*, no porque sea altamente popular es razón para incrementar su precio.

En todos los análisis debe tenerse en cuenta el nivel promedio de clientes que acuden a la instalación. Lógicamente si son pocos los clientes, los gastos generales en que se incurren son altos por lo que los precios deben ser altos, ocurriendo todo lo contrario si el volumen de clientes es alto permite reducir estos gastos generales, lo que facilita que se disminuyan los precios.

Íntimamente ligado a la ingeniería del Menú está la Ingeniería de Precios. Esta herramienta permite determinar los niveles máximos y mínimos en que pueden ser variados los precios análisis, permitiendo equilibrar la oferta, incrementar las ventas o mejorar el margen de contribución. Esta herramienta exige, y de hecho se sustenta en los conceptos sociológicos que sugieren los principios de OMNES en relación al comportamiento de la demanda ante un listado de precios de diferentes productos, que plantea que cualquier variación que se haga a estos precios no deberá excederse del 10 % de su precio actual, evitando que el cliente se sienta timado o perciba afectación en la calidad de lo que se le ofrece, ya que es común para él, que, por periodos de tiempo, se ajusten los precios de la oferta motivados por la inflación.

La metodología del cálculo no es compleja, una vez clasificados cada uno de los platos es fácil determinar las acciones a seguir. Lo que no es conveniente es cambiar precios por cambiarlos, se requiere de astucia por parte del administrador y dominio del negocio. Un ejemplo claro es que se debe estudiar el índice de rotación de los productos que componen un plato y el nivel de existencias en inventario, para poder darle salida, así como la ficha técnica del plato para evaluar los gramajes de cada uno de los ingredientes y el costo operacional del mismo.

El sistema de cálculo que debe seguirse es el siguiente: Para ello sirve la tabla elaborada para la Ingeniería de Menú, la ya tiene incorporado los datos que se deben utilizar:

1. Se determina el Precio Medio Ofertado ponderado por la cantidad de veces que se presenta el plato

$$PMO \frac{\sum(Precio\ de\ Venta\ Unitario\ x\ \#\ de\ presentaciones}{Cantidad\ total\ de\ presentaciones}$$

2. Se determina el Precio Medio Ponderado por Unidades Vendidas

$$MBGP \frac{\sum Ventas\ totales}{Total\ de\ unidades\ vendidas}$$

3. Una vez obtenidos estos dos indicadores se obtiene el coeficiente que establece la relación para la oscilación que se le puede dar al precio a partir de la división del Precio Medio Ponderado (PMP) sobre el Precio Medio Ofertado (PMO)

Teniendo en cuenta lo siguiente:

$$Coeficiente = \frac{PMP}{PMO}$$

a) Si el resultado se encuentra entre 0.85 y 1.05 se sugiere mantener los precios.

b) Si el resultado es mayor que 1.05 se sugiere incrementar los precios y obtener el nuevo precio a partir del siguiente cálculo

$$NPMO = PMP \ /0.95$$

c) Si el resultado es menor que 0.85 se sugiere disminuir los precios y obtener el nuevo precio a partir del siguiente cálculo

$$NPMO = PMP \ /1.05$$

d) Se determinan los Anchos de banda de precios equivalentes al nuevo precio medio ofertado por 0,25:

$$ABprecios = NPMO \ x \ 0.25$$

Limite Superior de Banda Media	NPMO + Ancho de Banda de precios
Límite Inferior de Banda Baja	NPMO – Ancho banda de precios
Limite Superior de Banda Alta	NPMO + 2 [Ancho de banda de precios]
Límite Inferior de Banda Baja	NPMO – 2 [Ancho de banda de precios]

Una vez realizados todos los cálculos se procede a la elaboración de un gráfico que permita visualizar la ubicación de cada uno de los platos analizados en sus correspondientes niveles y a la toma de decisiones que debe estar apoyada de los resultados obtenidos en ambas ingenierías, pues podrá darse el caso de que un plato sea altamente popular y posea un bajo margen de contribución (Vaca), sin embargo no sea conveniente incrementar su precio, aunque la Ingeniería de Precios nos informe que pueda ser mayor, pues se debe tener en cuenta el precio de la competencia, en este caso lo más lógico sería evaluar la ficha técnica del plato y disminuir el gramaje a fin de reducir su costo y obtener un margen de contribución adecuado.

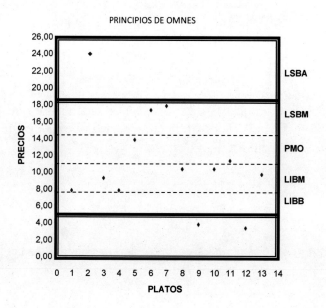

Otro caso puede ser que un producto sea Estrella, pues posee un alto índice de popularidad y ofrece un margen de contribución adecuado, sin embargo dentro de los productos Estrellas es el menos popular, por lo que el análisis nos permitiría definir, que lejos de aumentar precios, deberíamos disminuirlos a fin de conseguir mayor popularidad.

Otro ejemplo sería el de un producto Perro, el cual posee el menor índice de popularidad, aunque es el de menor costo unitario dentro del grupo de platos, por lo que se pudiera evaluar la posibilidad de aumentar el gramaje de la oferta y aplicando las técnicas de merchandising se ubicaría en una posición privilegiada de la carta.

Son muchas las acciones que se desprenden del análisis de los resultados de la Ingeniería de Menú y la de Precios, lo que si queda claro es que son importantes fuentes de información para la toma de decisiones en el restaurante si las sabemos interpretar correctamente.

Un negocio no se basa en la aplicación mecánica de herramientas, ellas solo herramientas de investigación; queda en manos del gestor combinarlas adecuadamente, valerse de estudios de la competencia, del análisis periódico de los inventarios, de la aplicación de encuestas de satisfacción, del estudio de los proveedores, entre otras cuestiones.

Análisis costo – margen

El Método denominado como análisis Costo - Margen combina la relación de porcentaje del costo de los alimentos y el margen de contribución. Lo que permite una interpretación del análisis del menú más profundo. El supuesto de esta metodología consiste en optimizar simultáneamente el margen de contribución con el logro del menor porcentaje de costos por alimentos y mejorar los ingresos totales por venta.

Para el análisis Costo - Margen son útiles los mismos datos recogidos para la ingeniería de menú. Luego se elabora una gráfica representando el porcentaje de costo de los alimentos en sentido vertical y el dinero ponderado del margen de contribución en el eje horizontal, para "plotear" cada producto del menú. En este sentido se necesitan marcar los puntos en cada eje que representan el porcentaje de costo potencial de los alimentos (CPA).

El porcentaje de los costos de los alimentos es el punto límite entre alto y bajo costo potencial de los alimentos para el "mix" de ventas del menú y se obtiene dividiendo el costo ponderado de los alimentos por las ventas ponderadas.

CPA = [Costo ponderado de los alimentos ($)] / [Ventas ponderadas ($)]

Igualmente se debe calcular el margen de contribución ponderado promedio (MCPP) que se usa como estándar, dividiendo el margen de contribución ponderado total por el número de renglones individuales del menú.

MCPP = [Margen de contribución ponderado total ($)] / [Cant. de productos en el menú]

Para que la interpretación tenga validez, es recomendable utilizar información para un período que como mínimo supere a una semana, aunque el autor aconseja que se utilice la información correspondiente a un mes.

Una vez realizado los cálculos anteriores se trazan líneas paralelas y perpendiculares a cada eje a través de estos puntos, de forma tal que se intercepten. Las líneas dividirán la gráfica en cuatro cuadrantes. Entonces se plotean en la gráfica los márgenes de contribución de cada producto del menú y los porcentajes individuales de costo de los alimentos.

Los productos situados debajo de la línea de CPS % se consideran bajos en costo de los alimentos y los productos encima de la línea se consideran altos en costos de los alimentos. Los productos del menú ploteados a la izquierda de la línea MCPP se consideran bajos en margen de contribución, mientras que los productos ploteados a la derecha de la línea son altos en margen de contribución.

A los cuatro cuadrantes se les dan denominaciones que categorizan a los productos del menú situados adentro. Los "selectos" en el cuadrante inferior derecho representan los productos con los costos de alimentos óptimo (bajo) y el margen de contribución óptimo (alto). Mientras mayor sea la concentración de productos en este cuadrante, mejor será el "mix" total de ventas del menú.

Los selectos son las especialidades de la casa y se puede decir que el restaurante debe priorizar la producción y venta de este producto como le sea posible. A los productos situados en este cuadrante se les puede poner cualquier precio que van a ser consumidos. Ellos ayudan a mejorar los costos de los alimentos que otros afectan.

Los productos que tienen altos costos de alimentos y brindan un margen de contribución considerable son considerados "estándares", debido a que estos productos son populares y se ofrecen usualmente por los competidores, los precios se mantienen bajos para estimular las ventas. Estos productos serán ploteados en el cuadrante superior derecho.

Otras de las clasificaciones que se obtiene con la aplicación de esta metodología es la de "durmiente" y generalmente entran dentro de este grupo aquellos productos de nueva incorporación o de prueba para ver cómo reaccionan los clientes ante ellos. Muchas veces algunos de los productos que conforman este cuadrante se convierten en "selectos". Se caracterizan por bajos costos y bajos márgenes de contribución.

El último grupo que integra esta matriz es el de los platos "problemas". Estos platos son los que tienen un alto costo y bajo margen de contribución. Como en la ingeniería de menú con los perros, se deben trazar acciones para que se muevan hacia otro cuadrante o deberán ser eliminados

Para un restaurante lo ideal sería que los renglones que componen su oferta estuvieran ubicados en los cuadrantes "selectos" y "estándares". No obstante la existencia de platos "durmientes" ayudan a suavizar los altos costos que son generados por los productos "estándares".

Generalmente este grupo de productos ("durmientes") devienen en estrategia de diversificación de la oferta

Contrariamente a la Ingeniería de Menú, la popularidad de los platos no se plotea directamente en la gráfica, la tendencia es que muchos de esos platos populares caerán a la derecha de la línea del MCPP, como de igual forma ocurrirá con los platos pobres y marginales de la matriz de Miller, que caerán a la izquierda.

Este análisis permite identificar a aquellos renglones que, por estar más próximos a las líneas promedios, podrán ser movidos hacia otros cuadrantes al aplicarse mínimos cambios en los precios.

Grafica de la matriz Costo - Margen

	MCPP ($)		
	PROBLEMAS Márgenes bajos de contribución Costo alto de alimentos (%)	STANDARDS Márgenes altos de contribución Costo alto de alimentos (%)	CPA (%)
	DURMIENTES Márgenes bajos de contribución Costo bajo de alimentos (%)	SELECTOS Márgenes altos de contribución Costo bajo de alimentos (%)	
	MARGEN DE CONTRIBUCION PONDERADA EN ($)		

Donde

CPA es el Costo Promedio de los Alimentos
MCPP es el Margen de Contribución Ponderada Promedio

Matriz de Miller

La metodología de la matriz de Miller para el análisis de menú dice que todos los renglones del menú pueden ser clasificado en una de las cuatro categorías establecidas, utilizando los elementos de porcentaje de costo de volumen alto o de volumen bajo (popular o no popular) y de costo alto o de costo bajo (por encima o por debajo de un porcentaje estándar de costo de los alimentos). Por consiguiente, un renglón los mismo de volumen alto / costo alto, volumen alto / costo bajo, volumen bajo / costo alto y volumen bajo / costo bajo.

El procedimiento para establecer los parámetros para un volumen de venta alto o bajo y un costo de alimentos alto o bajo no está específicamente establecido por Miller. Por lo que se recomienda utilizar como patrón los establecidos para el Índice de popularidad en la Ingeniería de Menú.

El punto límite para el costo de alimentos alto y bajo es el porcentaje potencial de costos de los alimentos. Cualquier renglón igual o menor al él se considera de costo bajo y si es mayor, se clasifica como de costo alto. El "mix" de menú, de acuerdo con Miller, es el menú que recobra el porcentaje más bajo de costo total de alimento.

Los renglones se clasifican como ganadores (volumen alto y costo bajo), perdedores (volumen bajo y costo alto) y marginales (lo mismo de volumen bajo y costo bajo que de volumen alto y costo alto) como se muestra en la gráfica siguiente:

	CPA (%)		
Cantidad de Unidades Vendidas	GANADORES Volumen alto y costo bajo	MARGINALES Volumen alto y costo alto	CUPV
	MARGINALES Volumen bajo y costo bajo	PERDEDORES Volumen bajo y costo alto	
	COSTO DE LOS ALIMENTOS EN (%)		

Donde:

CPA es el Costo Promedio de los Alimentos
CUVP es la Cantidad de Unidades Vendidas Promedio.

Relación entre la ingeniería de menú, el análisis costo – margen y la matriz de Miller

Estas tres metodologías emplean para sus análisis una gráfica o matriz de cuatro cuadrantes formada por líneas que se interceptan a partir del cálculo de promedios para cada eje.

El análisis de ingeniería de menú traza márgenes de contribución de renglones individuales en vez de márgenes de contribución ponderados promedios que son los utilizados por el análisis Costo - Margen.

Este margen de contribución ponderado deviene en método que hace crítico el análisis ya que incorpora el mix de ventas sobre el margen de contribución, y generalmente los cambios en las preferencias de los clientes se reflejarán en los costos e ingresos.

Entre las tres metodología se puede observar que existen claras diferencias en la clasificación de los renglones del menú, pero aunque las decisiones sobre la fijación de precios y ubicación de la oferta en una posición basadas en los métodos de análisis que ellas establecer conduzcan a interpretaciones diferentes, al realizar un análisis más profundo de las mismas se podrán tomar decisiones correctas en cuanto a ganancia, popularidad, y beneficios de cada una de las ofertas.

La tabla a continuación muestra la metodología de análisis para cada una de estas herramientas y las clasificaciones correspondientes

Costo - Margen	Ingeniería de Menú	Matriz de Miller
Selectos (AMC – BC)	Estrellas (AP – AMC)	Ganadores (AV- BC)
Standards (AMC – AC)	Vaca (AP – BMC)	Marginales (AV – AC)
Durmientes (BMC – BC)	Incógnitas (BP – AMC)	Marginales (AV – AC)
Problemas (BMC – AC)	Perros (BP – BMC)	Perdedores (BV – AC)

Donde:
A – Alto
B – Bajo
MC – Margen de Contribución
C – Costo de Los Alimentos (%)
V- Volumen
P – Popularidad

El nivel de indiferencia de los consumidores

Para el estudio y estimación de la demanda en un restaurante, que se caracteriza por tener una capacidad relativamente fija, se pueden aplicar varios métodos, que igualmente pueden ofrecer información sobre el comportamiento real de los ingresos, la rentabilidad de la organización y el nivel de preferencias de los clientes con relación a la oferta que se hace. A esta industria se han adaptado diversas metodologías provenientes de otros sectores que permiten hacer estas estimaciones y ofrecer información para la toma de decisiones.

El nivel de indiferencia sobre la oferta ha devenido en otra de las técnicas de evaluación del comportamiento de los consumidores con relación a lo que se ofrece.

Para aplicarla el administrador debe proceder a la selección de los distintos estratos o segmentos, desagregándolos por rangos de edades. Las edades que se toman para el estudio se hacen sobre la base de un cálculo aproximado y por consiguiente la repartición de la cantidad de clientes en cada uno de estos rangos estará caracterizada por la de subjetividad. No obstante para evitar que esto ocurra se puede apoyar en las encuestas de satisfacción que se aplican en la instalación o recurrir al método de la observación directa en un período de tiempo para poder establecer valores lo más cercano posibles a la realidad, ya que resulta bastante comprometedor y por ende imposible preguntarle a cada cliente la edad que tiene.

Una vez que se obtienen los datos se procede al confección de una tabla en la que se reflejen de forma horizontal los grupos de edades que serán analizados y de forma vertical los productos que se evalúan, así como la cantidad de ventas ocurridas por producto y rango de edad. Como se muestra a continuación. A esta tabla se le denomina "Tabla de Diferencias"

Segmento / Producto	G1	G2	G3	....	Gk	Total y (%)
P1	Vo11	Vo12	Vo13	....	Vo1k	$\sum$Vo P1n y %
P2	Vo21	Vo22	Vo23	....	Vo2k	$\sum$Vo P2n y %
P3	Vo31	Vo32	Vo33	....	Vo3k	$\sum$Vo P3n y %
.....	....	....	....	....	.....	......
Pn	Von1	Von2	Von3	....	Vonk	$\sum$Vo Pn y %
Total y (%)	$\sum$Vo G1 y %	$\sum$Vo G2 y %	$\sum$Vo G3 y %		$\sum$Vo Gk y %	$\sum$Vo Total y %

Donde V_o es el Valor observado en el período de tiempo que se escogió de los segmentos seleccionados

El autor sugiere que la selección de los productos correspondan a una misma familia y de preferencia con características similares, o sea productos competidores entre sí.

Para cada grupo se obtienen los totales y se determina el por ciento que representa en relación al total, tanto horizontal como verticalmente.

Para la obtención del nivel de indiferencia de los consumidores, se procede a elaborar la misma tabla, pero esta vez, se realizará el siguiente cálculo, el cual nos dirá el número de productos que se hubieran consumidos por cada uno de los grupo de clientes de no haber diferencias entre estos segmentos.

Matemáticamente el cálculo se representaría como sigue:

$$\text{Consumo} = \left[\left(\sum_{k}^{1} Vo\, Total \right) \left(\% \sum_{n}^{1} VoGn \right) \left(\% \sum_{k}^{1} VoPn \right) \right]$$

Los resultados serán registrados en la tabla, que se denominará "Nivel de indiferencia de los consumidores". Como se muestra a continuación.

Segmento / Producto	G1	G2	G3	....	Gk	Total
P1	Vi11	Vi12	Vi13	....	Vi1k	$\sum$Vi P1
P2	Vi 21	Vi22	Vi23	....	Vi2k	$\sum$Vi P2
P3	Vi31	Vi32	Vi33	....	Vi3k	$\sum$Vi P3
.....	....	....	....	....	.....	
Pn	Vin1	Vin2	Vin3	....	Vink	$\sum$Vi Pn
Total	$\sum$Vi G1	$\sum$Vi G2	$\sum$Vi G3		$\sum$Vi G4	$\sum$total

En ambos sentidos el total debe ser el mismo

Vi es el valor de indiferencia de los consumidores sobre los grupos de productos analizados para los segmentos de clientes seleccionados.

Posteriormente se procede a calcular la diferencia entre las cifras obtenidas en este cálculo con las de la primera tabla correspondiente a los valores asignados a partir de la observación realizada, los cuales serán reflejados en una tercera tabla, denominándola "Diferencia entre el estudio y las indiferencias de la tabla de diferencias".

Segmento Producto	G1	G2	G3	....	Gk
P1	Vo11 – Vi11	Vo12– Vin12	Vo13– Vin13	....	Vo1k– Vi1k
P2	Vo21 – Vi21	Vo22– Vin22	Vo23– Vin23	....	Vo2k– Vi2k
P3	Vo31 – Vi31	Vo32– Vin32	Vo33– Vin33	....	Vo3k– Vi3k
.....	....	....	....	....	.....
Pn	Von1 – Vin1	Von2– Vin2	Von3– Vin3	....	Vonk– Vin k

Donde el resultado es la diferencia entre el Valor observado y el Valor de indiferencia calculado. Pero como estas diferencias no pueden utilizarse tal y como se obtienen, se debe aplicar el valor teórico de la indiferencia, siguiendo la misma metodología de la tabla 12 y calcular el valor relativo que comparte la diferencia respecto al valor base, lo que generaría la tabla 14, el cual permite obtener un sesgo de dispersión, o sea, el nivel de demanda que corresponda a un valor idéntico para todos los segmentos de la clientela.

Matemáticamente debe calcularse de la siguiente forma:

$$Dispersión = \frac{Vo - Vi}{Vi}$$

Segmento Producto	G1	G2	G3
P1	(Vo11 – Vi11) / Vi11	(Vo12– Vin12) / Vi12	(Vo13– Vi13) / Vi13
P2	(Vo21 – Vi21) / Vi21	(Vo22– Vin22) / Vi22	(Vo23– Vi23) / Vi23
P3	(Vo31 – Vi31) / Vi31	(Vo32– Vin32) / Vi32	(Vo33– Vi33) / Vi33
.....	....	....	....
Pn	(Von1 – Vin1) / Vin1	(Von2– Vin2) / Vin1	(Von3– Vin3) / Vin3

Los valores obtenidos, al igual que en la tabla 3 puedes estar entre los negativos y los positivos.

Los resultados obtenidos en esta última tabla son representados en un gráfico, permitiendo el siguiente análisis:

- Influencia de la edad en el éxito de un producto
- La correlación entre la demanda y los grupos de edades, así como el nivel de independencia de un grupo sobre el poder de selección de un producto.
- El nivel de preferencia de los clientes sobre un producto

Ejemplo hipotético de la dispersión

GRAFICO DE DISPERSION RESPECTO AL VALOR DE INDIFERENCIA

	-1	-0.5	0	0.5	1
S1	**(D)**	**(C)**	**(B) (A)**		
S2		**(B)**	**(A) (C)(D)**		
S3	**(A)**	**(B)**	**(C)**		**(D)**

G1 (A), G2 (B), G3 (C) y Gn (D)

Importancia de esta aproximación.

Esta técnica permite relacionar la posición de cada segmento de la clientela respecto al producto y su análisis integra dos elementos:

1. La importancia del producto estudiado dentro del contexto general de las ventas.
2. La importancia de cada estrato o segmento de la clientela dentro del contexto global de la demanda.

El resultado que se obtiene con su aplicación es la determinación de la posición relativa de cada segmento de clientela respecto a un nivel de indiferencia propio a la instalación. Ofreciendo importante información en cuanto a la evaluación de los productos que componen la oferta. Asimismo permite aislar en aproximaciones sucesivas, los factores determinantes del nivel de ventas, permitiendo hacer una aproximación pragmática de las causas del éxito o fracaso de un producto.

También es posible con esta técnica hacer tantas estratificaciones o segmentaciones como se quieran. En este caso para un restaurante las más comunes son: edad, sexo, nacionalidad, períodos de tiempo de días, horas, semanas, meses y años.

Igualmente es una herramienta fácil de programar en los sistemas informáticos o crear sistemas de hojas de cálculos para la obtención de los resultados y su interpretación.

Capítulo 6: Control de Ingresos en el Restaurante (CIR)

Comúnmente los administradores de restaurantes son evaluados por las cuentas promedio y los por cientos de costos de los alimentos y de fuerza de trabajo que han sido capaces de mantener. Estos dos indicadores, solos, no capturan la suficiente información acerca del ingreso o ganancia que produce el cumplimiento del restaurante. Se deben confeccionar algunas medidas del potencial de generación de ingresos y del desempeño del restaurante.

Un administrador puede realizar el gran trabajo de mantener ganancias brutas y a pesar de ello resultar improductivo. Un exceso de atención sobre la ganancia bruta puede conducir a la inclinación de centrarse impropiamente en la disminución de los costos. Una vez más, reducir los costos es una buena medida, pero no cuando esto provoca ingresos reducidos debido a clientes insatisfechos.

El control de Ingresos del Restaurante se puede definir como la venta del asiento adecuado al cliente apropiado, por el precio justo y por la duración conveniente.

Los operadores de restaurantes pueden manipular dos importantes variables para el control de los ingresos: el precio y la duración de la cena.

Con relación al precio, esta deviene en una variable que puede ser más fácilmente manejada a partir de la fijación del mismo para determinados momentos del día, aplicar políticas de descuentos o premios a clientes; promocionar determinada oferta, entre otras.

El control de la duración de la cena es un poco más complejo ya que ella depende en parte de la eficiencia del ciclo de servicio y del propio cliente, quienes son los que deciden si demorarse o no, hacer sobre mesa, entre otras.

Elaborar un programa de control de ingresos
En este sentido el administrador de restaurante de:

a) Establecer el punto de referencia del desempeño
b) Comprender los impulsores del desempeño
c) Desarrollar una estrategia de control de ingresos
d) Aplicar esa estrategia
e) Controlar los resultados de esa estrategia.

Se deben recoger información detallada sobre los patrones de llegada, los tiempos de las comidas y los patrones de Ingreso por Horas de Asientos Disponibles (IngPHAD), así como el ingreso.
La fuente de los datos pueden ser los registrados por el Sistema del Punto de Venta, estudios de tiempo o la observación real, así como también resultan útiles las encuestas a los clientes. Generalmente estas fuentes de datos son imperfectas, sobre todo las seleccionadas del Sistema del Punto de Venta, pues aunque en ella se pueden precisar consumos y hora de apertura y cierre de la cuenta, casi nunca coinciden con los patrones de llegada y salida de los clientes, por lo tanto de basarse solo en esta fuente se carecerá de una importante información para el estudio.

Lo más aconsejable será realizar estudios de tiempo, ellos permitirán registrar los tiempos exactos de llegada y salida del cliente, así como permitirá obtener en detalles los ritmos de las comidas.

En cuanto a la información necesaria para realizar el estudio completo y aplicar la estrategia de control de ingresos en el restaurante es importante que los registros se hagan con la mayor sinceridad posible. El período de tiempo que se escoja debe ser respetado y si por alguna casualidad no es posible registrar una hora o un día determinado, es preciso que no se inserte información falseada en los mismos. Se continuará con los días posteriores y se completará la información faltante cuando realmente ocurra (o sea, se realizarán los análisis y observaciones el día de la siguiente semana para evaluar su comportamiento)

En cuanto a los arribos de los clientes se debe tener en cuenta que estas no representan la demanda verdadera ilimitada, entiéndase por demanda ilimitada como la cantidad de clientes que un restaurante puede atender si su capacidad fuese ilimitada.

Horas	Hora de inicio	.....	.....	Hora de Fin
Día inicio del estudio				
.....	Registro de arribo de clientes. Solo se tomarán los datos de las personas que llegan, esperan y consumen.			
.....				
.....				
Día final del estudio				

Para estudiar esta demanda ilimitada en el restaurante se debe tener a un trabajador para que cuente todas las personas que arriban al restaurante y se marchan sin consumir, así como las reservaciones que se rechazan durante el período.

Duración de la comida. Para poder medir eficientemente la duración de la comida se recomienda diseñar una tabla que contenga los días de la semana y el período horario que será tomado como muestra. En este caso es conveniente descartar todos aquellos consumos que requieren de un servicio inferior a los veinte minutos y superior a las dos horas, para garantizar una fuente de datos más fiable. Posteriormente se debe calcular el Ingreso por Hora de Asiento Disponible (IngPHAD)

Horas	Hora de inicio	.....	.....	Hora de Fin
Día inicio del estudio				
.....				
.....	Registro de Tiempo en minutos desde que el cliente arriba a la instalación hasta que retira.			
.....				
Día final del estudio				

El ingreso por asiento disponible (INGPHAD)

El punto hasta el cual los asientos disponibles están ocupados es una medida de éxito que se aplica regularmente. Un restaurante ocupado es por lo general un restaurante que genera ingresos. La confianza en la ocupación de los asientos como medida del éxito adolece la misma situación que la confianza en la ocupación habitacional de un hotel debido a que el uso alto no necesariamente indica altos ingresos. Un restaurante puede operar a un 90% de su capacidad y no ganar dinero si los productos del menú se venden a muy bajos precios.

El IngPHAD indica la frecuencia a la que se genera el ingreso y cambia los intercambios entre la cuenta promedio y el uso de la instalación. Si los por cientos de ocupación se incrementan incluso a medida que la cuenta promedio disminuye, por ejemplo, un restaurante puede lograr todavía el mismo IngPHAD. De manera inversa, si un restaurante puede aumentar la cuenta promedio, el mismo puede mantener un IngPHAD similar con una utilización ligeramente inferior a la instalación.

El modo más fácil de calcular el IngPHAD es dividir el ingreso (o ganancia) por el período de tiempo deseado (es decir, parte del día, día, mes) por la cantidad de horas de asiento disponible durante ese intervalo.

$$IngPHAD = \frac{Ingresos\ del\ período}{Capacidad\ en\ asientos\ del\ restaurante\ x\ Tiempo\ deseado}$$

En todo caso cuando se escogen períodos de tiempo que comprenden días, semanas, meses u otros que se consideren se deben incluir en el cálculo. Por ejemplo, si se desea evaluar un período de 7 días, en el denominador de sebe incluir este tiempo, o sea, se multiplicaría la capacidad de asientos x (tiempo de servicio x la cantidad de días)

Horas	Hora de inicio	..	..	Hora de Fin	Total
Día inicio del estudio					∑de los ingresos del día
.....	Registro de Ingresos en los horarios seleccionados para el estudio.				∑de los ingresos del día
.....					∑de los ingresos del día
.....					∑de los ingresos del día
Día final del estudio					∑de los ingresos del día

El IngPHAD se relaciona estrechamente a la cantidad de cambios y con la duración de la comida, o el ciclo del servicio. A medida que se incrementa la cantidad de cambios y la duración de la comida disminuye, el IngPHAD crece. Una disminución de apenas un minuto en la duración de la comida en un periodo de alta demanda puede llevar a un incremento del 1.5 al 2 por ciento.

Los tiempos reducidos de la comida se pueden lograr cambiando el proceso del servicio, modificando los niveles de personal o alterando el menú. Los primeros minutos de la reducción son un tanto difíciles o costosos de lograr, al acelerar el ritmo del saludo, del sentado y del ajuste de la cuenta a veces el cliente puede tener la sensación de que se quiere más que su consumo que se vaya. Pero reducciones más profundas pueden requerir de una notable inversión – por ejemplo, agregando equipamiento a la cocina o más empleados. Un análisis del ingreso sobre la inversión que considera los efectos de los cambios en el ciclo del servicio sobre el IngPHAD, puede ayudar a los operadores a decidir si una inversión futura vale la pena. Al elaborar sus planes los administradores deben recordar que las preferencias y expectativas de los clientes limitan la duración mínima factible de la cena, y establecerán un supuesto mínimo aceptable del IngPHAD.

Estrategia en base al INGPHAD

Una vez que los operadores dominan sus patrones del IngPHAD pueden elaborar estrategias para encarar periodos de altas y bajas. Durante los periodos baja, los administradores, lo mismo pueden tratar de atraer más clientes y aumentar el uso o confiar en la venta recomendada para aumentar la cuenta promedio.

En aquellos períodos de alta, los operadores deben analizar si aumentar los precios o reducir la duración de la comida, de manera que el restaurante pueda incrementar su frecuencia de cambio de las mesas.

El IngPHAD se puede utilizar en diferentes niveles de análisis y con distintos objetivos. A nivel individual del restaurante los administradores pueden optar por confeccionar las cifras por hora o por cuarto de hora del IngPHAD para elaborar una estrategia de control de ingresos más adecuada a su restaurante. Este instrumento se puede emplear, además, para evaluar la eficiencia de los dependientes y en la operación de servicio.

INGPHAD comparativo

Como instrumento permite comparar los resultados obtenidos por la instalación respecto a las que operan en el entorno y la propia competencia del sector. El empleo de la comparación permitirá la fijación de metas y acciones propias en cuanto al aumento de la capacidad, la reducción de los ciclos de servicio, los precios que se ofertan, entre otras.

Para ello, el administrador de restaurante, precisa conocer cuál es la cuenta promedio del competidor, así como su capacidad máxima de asientos, para poder establecer los patrones de comparación, que pueden ser a partir de la comparación teórica el desempeño del IngPHAD comparado con otros restaurantes y el cumplimiento competitivo del IngPHAD con relación al entorno.

Aunque generalmente la información de la competencia no está disponible, se puede confeccionar esta información y realizar el análisis.

Restaurante	Cuenta promedio	IngPHAD	Cumplimiento de la cuenta	Cumplimiento del IngPHAD
A				
B				
C				
Promedio				

Donde:

a. Cuenta promedio es el valor promedio de ingresos del restaurante que se analiza.
b. IngPHAD es el cálculo efectuado a partir de los datos obtenidos del restaurante que se compara.
c. Cumplimiento de la cuenta es la división de la cuenta promedio del restaurante sobre el promedio del grupo de restaurantes que se comparan
d. Cumplimiento del IngPHAD es el mismo procedimiento que el anterior pero para ese indicador.

Unidad	Cuenta promedio	IngPHAD	Porcentaje de la cuenta	Porcentaje del IngPHAD
Restaurante				
Entorno competitivo (promedio)			-	-

Beneficios del control de ingresos en el restaurante

Aplicar estrategias que permitan medir el rendimiento real del restaurante, en base a su ocupación, cuenta promedio y duración de las comidas, resulta una fuente importante para poder identificar los problemas que generan las fallas y accionar en función de ellos. Cuando se realiza un estudio de este tipo, generalmente suelen brotar cuestiones como las habilidades que posee el personal en cuanto a servicio, rapidez, destreza, capacidad de venta, manipulación de los medios para la prestación, entre otras; así como también es una importante fuente de información para determinar las necesidades de abastecimiento, tecnológicas o de ampliación para la organización.

Sistema de control de la producción. Rendimiento de las elaboraciones y costos

En épocas ya olvidadas, los restauranteros se dedicaban solo a satisfacer los gustos de su clientela, sin preocuparse por su rendimiento económico. El mundo ha ido cambiando y ha conllevado a que los precios aumenten y con ellos los gastos generales en operaciones y posicionamiento del negocio en el mercado, lo que por consecuencia ha devenido en una preocupación para los administradores que comienzan a inquietarse por cómo mantenerse competitivos, ofrecer un producto de calidad y que sea rentable.

Que el administrador conozca a fondo el rendimiento de cada producto, para poder componer su oferta y obtener el máximo provecho, es una exigencia obligatoria en el negocio. Se hace indispensable controlar la utilización adecuada de los recursos y evitar pérdidas que pueden ser aprovechadas.

En el rendimiento de un restaurante influyen desde el estudio de las instalaciones, calidad del producto, mano de obra, servicio, hasta el más mínimo recurso que pueda ser utilizado. La base del negocio radica en la oferta que se haga; sobre ella giran los demás componentes de la organización: las compras, los precios, el aprovisionamiento, el tipo de servicio, el personal, la decoración, la iluminación, en fin, todo. Por tanto, para maximizar el rendimiento en la organización se debe partir de saber qué y cuánto ofrecer, cuándo ofrecerlo y a qué precio.

Muchas empresas utilizan diversos métodos para medir la renditalidad de sus recursos. En el sector gastronómico existen tres instrumentos que concatenados entre sí emiten la información necesaria para:

- ✓ Tomar decisiones en cuanto a:
  - Ofertas
  - Precios
  - Cantidades
- ✓ Disponer de una base estadística de consumo por clientes.
- ✓ Evaluar el comportamiento de los gastos y los índices en que opera la instalación.
- ✓ Identificar posibles salideros de recursos.
- ✓ Establecer políticas de compra y aprovisionamiento.
- ✓ Estandarizar ofertas y servicios.

Cada uno de estos instrumentos cumple una función en particular y son:

- ✓ Fichas técnicas.
- ✓ Escandallos.

✓   Estadillo de cocina o relevé.

Escandallos de producción

Para el restaurantero se ha convertido en una práctica lógica controlar y diferenciar cada uno de sus productos, en este caso se habla de alimentos y bebidas, buscando conseguir el mejor racionamiento a fin de obtener el máximo beneficio.

Para analizar de forma adecuada el rendimiento de un producto se utiliza lo que se denominan escandallos, que organizados de forma coherente van a ofrecer, primero, los datos necesarios para el control de costos de elaboración de un plato o cóctel y, segundo, la información necesaria para tomar decisiones relativas a precios y cantidad.

Durante la investigación, el autor ha podido comprobar que en todas las instalaciones de muestra se escandallan las ofertas y que el número de productos escandallados supera a los que componen la carta menú.

Con el desarrollo tecnológico y el avance de la informática muchos fabricantes de softwares se han dedicado a producir sistema para la administración y gestión de restaurantes. (Ver anexo #) Estos programas, que muchas veces se diseñan a la medida, incorporan tablas que se relacionan entre sí, comunicando a los diversos departamentos (cocina, caja, almacén, contabilidad) lo que les permite obtener la información necesaria para los análisis correspondientes y el poder, en un breve lapso de tiempo, realizar los ajustes necesarios en cuanto a precios, códigos, composiciones, etc.

Los escandallos forman parte de estos grandes sistemas y la primera particularidad que tienen es que permiten copiar las fichas técnicas de los platos e identificarlos con un código o plus de venta, el cual está disponible para cuando se realice una venta del mismo automáticamente rebaje de los inventarios los productos que han sido utilizados para su fabricación; así mismo están enlazados con el almacén, donde se ingresan cada uno de los productos donde se establecen las unidades de medidas, tanto en físico como para los puntos de ventas.

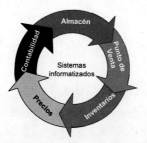

Cuando los productos son escandallados correctamente, donde se incluyen todos los componentes de la receta y se establece o se determina el costo de aquellos elementos de gastos que intervienen en el proceso de presentación y servicio (servilletas, palillos u otros) representan un importante atributo para la organización, pues permiten evaluar el índice operacional del plato a partir del análisis de sus precios y costos. Igualmente permite evaluar el comportamiento de los objetivos planeados por la instalación y determinar el origen de las desviaciones que puedan ocurrir.

Matemáticamente el índice operacional del producto, que no es más que el por ciento que representa el costo de la elaboración con relación a su precio, se obtiene de la división del costo entre el precio de venta fijado.

$$I_{ope} = [Costo/Precio\}$$

Igualmente conviene al administrador comprobar que porcentaje de platos que tiene escandallado y el número de veces que puede reformar su carta menú, a fin de ofrecer opciones de variedad y equilibrio en la oferta del restaurante.

Para ello podrá aplicar la siguiente ecuación matemática

$$\frac{No\ de\ platos\ Escandallados\ de\ la\ familia\ s}{Platos\ de\ la\ misma\ familia}\lfloor100\rfloor$$

Igualmente los escandallos, bien procesados, permiten al administrador de restaurantes determinar precios aplicando diversas variantes en correspondencia con los objetivos planteados por la organización.

Determinación de precios a partir de los escandallos:

Aunque más adelante en el presente se abordan las diversas metodologías para la fijación de precios en la restauración, se presentan dos métodos para fijar precios haciendo uso de la información que ofrecen los escandallos.

Según porciento Margen Bruto al que se aspira:

$$P = \frac{Cp}{1 - (\frac{\%MB}{100})}$$

Dónde:
P = Precio del producto
Cp = Costo del producto
%MB = % Margen Bruto que se aspira obtener

Según porciento de Costo al que se quiere operar:

$$P = \frac{Cp}{\%\ Costo} * 100$$

Dónde:
P = Precio del producto
Cp = Costo del producto
%Costo = % del costo al que se aspira operar

No obstante, muchos de los sistemas informáticos consultados por el autor (ver anexo #) interpretan los escandallos como una base de datos donde se asientan solo los ingredientes del plato y con ello se obtiene el costo de la elaboración, así como se excluyen aquellos productos que para la instalación resultan complejos de controlar y cuantificar y que se cargan al costo directamente una vez recepcionados del almacén, denominados "automáticos".

Los automáticos

Muchas instalaciones por bondad de los sistemas informáticos declaran una serie de productos como automáticos. Entiéndase en la gastronomía como productos automáticos, aquellos que son utilizados en varios procesos y resultan difíciles de cuantificar su uso. En este caso podemos encontrar la sal, el aceite, el vinagre, entre otros

Al establecer como automáticos a los productos que reúnen esas características ocurre que una vez que solicitan al almacén y se recepcionan en el punto de venta, al concluir las operaciones del día y efectuar el proceso de cierre del turno, estos productos son eliminados del inventario y se cargan al costo del punto de venta.

En términos contables esto no representa problema, pues el costo del punto de venta no se verá afectado en su consolidación al final del período, pero para el administrador y los responsables de las áreas si, dado a que la contabilización del costo diario por punto de venta estará falseada.

El uso de automáticos puede condicionar los siguientes problemas:

- Se carga el costo del punto de venta en un día, ofreciendo información falseada para el resto de los días sobre el comportamiento operacional de las ventas en que no se hacen pedidos.
- El control del uso y las existencias de los mismos es inexacto, depende de la honestidad del cocinero.
- Puede ocurrir que se deteriore determinado producto en el proceso de cocción, o en el momento de su uso percatarse de que no reúne las condiciones para ser usado (esto ocurre fundamentalmente con aquellos que son pre - elaborados al momento del uso: frutas, verduras, salsas, etc.) por lo tanto estos serán registrado como usados y no como merma o deterioro.
- Por la imposibilidad de que en un momento de máxima carga o la marcha de varios platillos a la vez con naturaleza de elaboración diferentes no puedan ser pesados. Por ejemplo la cocción en la plancha de un bistec requiere de una cantidad equis de aceite en un área que no ocupará más del 10 % del área total de la misma; pero igual puede darse el caso de que se requieran preparar más de 10 bistés, lógicamente el gasto de aceite será superior.
- Se realizan elaboraciones que por su contenido pueden ser usados en varios platillos (como consomés, cremas, salsas, etc.) y luego no tener salidas al no demandarse platos que la requieran.
- Imposibilita el estudio del comportamiento real de la organización fragmentada por días y por tanto no se pueden establecer acciones específicas de control de pedidos de los productos que conforman estas familias.

- Se cargan al costo el cien por ciento de su contenido como si fuesen empleados a este por ciento.
- Facilita el hurto y mal uso de los mismos al no estar inventariados oficialmente
- Imposibilita evaluar el rendimiento de los mismos basados en los consumos.

En opinión del autor y a partir de la investigación realizada una gran debilidad radica en que no son ingresados como parte del proceso de fabricación aquellos productos que son consumidos por el cliente como azúcar, aceites, servilletas, palillos, etc. y que forman parte de la decoración fijada por el creador de la receta o del servicio como tal y han sido incluidos en la ficha técnica del plato. Al ocurrir esto el valor que se obtiene como costo del plato se distorsiona y si el administrador se basa solo en ese resultado para fijar el precio, lógicamente al final del período se verán afectados los índices y márgenes propuestos a alcanzar.

La figura siguiente muestra un ejemplo de escandallado en el que no se tienen en cuenta los productos que se han designado como automáticos.

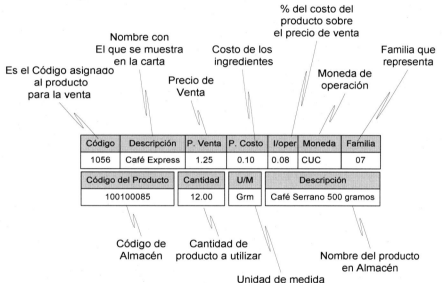

En el ejemplo anterior se aprecia que solo ha sido codificado el ingrediente café, no se han tenido en cuenta los consumos de azúcar (costo) y la servilleta (gasto). Por tanto el costo que indica el sistema no es el real y la interpretación que pueda hacer la administración de cuánto le cuesta a la instalación ofrecer este producto a sus clientes no va a ser la más objetiva.

En este caso en el escandallado debería quedar como sigue

Código	Descripción	P. Venta	P. Costo	I/oper	Moneda	Familia
1056	Café Express	1.25	0.16	0.13	CUC	07

Código del Producto	Cantidad	U/M	Descripción
100100085	12.00	Grm	Café Serrano 500 gramos
100200191	10.00	Grm	Azúcar refino
100500000	0.00	-	Estimado gasto

Como puede apreciarse, de incluirse el segundo ingrediente que interviene en el servicio de este tipo de oferta, el índice operacional del producto aumenta en 0.05 centavos. En este caso esta desviación no es representativa, pero asimismo ocurre en platos de mayor volumen y los índices se disparan.

El restaurantero, para poder establecer precios que respondan a los objetivos de la organización en cuanto a márgenes de contribución y comportamiento de los costos a los niveles planificados, deberá establecer un más menos (±) de cuánto puede costarle el uso de otros recursos en la elaboración del plato. En este caso podrá auxiliarse de las fichas técnicas de la elaboración que analiza.

Capítulo 7: Fichas técnicas o receta estándar

Frecuentemente se tiende a confundir los escandallos con las fichas técnicas o la receta estándar. El primero es un cálculo del rendimiento de las materias primas que intervienen en el proceso productivo y el coste real de la preparación, así como el que fija el código por el que será identificado el producto en el restaurante para el registro de su venta y la segunda se refiere a una ficha de receta, en la cual se valoran todos los productos que se van a emplear en dicha receta, el orden en que deben ser introducidos, el modo de preparación, elaboración y presentación, así como una estimación del tiempo que media entre el pedido y el servicio, pudiendo obtener finalmente el coste potencial de la misma.

La ficha técnica, conocida también como Receta Estándar es una fórmula para producir un ítem de alimentos y bebidas. Ella específica los ingredientes, cantidades requeridas de cada ingrediente, los procedimientos de preparación, el peso de las porciones, el tiempo de cocción, la temperatura y tantas informaciones sean necesarias para su elaboración.

La elaboración, control y actualización de las fichas técnicas garantizan:

1. Uso adecuado de los productos que intervienen en el proceso de elaboración, asegurando la homogeneidad de todas las presentaciones que se hagan del plato o cóctel, lo cual se traduce en satisfacción del cliente ya que va a recibir el mismo producto, con el mismo peso y al precio de siempre.
2. Contribuyen a un proceso de compra más eficiente ya que se conocen las cantidades exactas necesitadas, así como las especificaciones que deben cumplir los productos.
3. Ajustan el proceso productivo, pues se elaboran las cantidades exactas.
4. Se necesita menos supervisión.

Desarrollo de la receta estándar

Para el proceso de estandarización de cada una de las recetas que se trabajarán en la instalación se requiere de:

1. Desarrollar un cronograma para la estandarización del recetario.
2. Decidir para que producción se va a estandarizar la receta (Cantidad de porciones)

3. Contrastar ingredientes, cantidades requeridas y procedimientos exactos a partir de:
   a. Listar todos los ingredientes en el orden en será usados
   b. Decidir que volumen o medidas de pesos serán las que se van a utilizar
   c. Recopilar los procedimientos detalladamente y con los términos exactos (si es posible dejar evidencia documental de las mismas a partir de grabaciones)
4. Medir el tiempo de elaboración y chequear la temperatura que se emplea.
5. Garantizar y registrar los instrumentos necesarios para el control de las porciones.
6. Asegurar y registrar los insumos de servicios que se emplearán para el servicio (plato, fuentes, copas)
7. Registrar la guarnición que acompañará al plato.

El factor de ajuste en la receta estándar

La producción de una receta estándar puede ser aumentada o disminuida mediante la aplicación de un factor de ajuste.

Este factor de ajuste matemáticamente se expresa como:

$$Fa = \frac{PR\ orig}{PN\ req}$$

Donde:
Fa = Factor de ajuste
PR_{orig} = Producción Receta Original
PN_{req} = Producción nueva requerida

Conociendo el factor de ajuste se pueden determinar la cantidad necesaria para la producción de una determinada cantidad de platos, aplicando la siguiente fórmula:

Determinación de la nueva cantidad de productos necesarios a partir del factor de ajuste

$$Nueva\ cantidad = PN\ req \times Fa$$

A diferencia de los escandallos, la ficha técnica relaciona todos los ingredientes e insumos que intervienen en el proceso de fabricación del plato (ver anexo #), pero contrariamente no tiene en cuenta las mermas y/o desperdicios que se generan en el proceso de elaboración de uno de sus ingredientes, en ella se relacionan los productos en su estado neto, o sea que ya han pasado por un proceso de pre-elaboración (deshuesado, despinado, cortados, etc.) por lo tanto solo muestra el costo potencial del producto no el real.

Las mermas, desperdicios y pruebas de rendimiento

Cuando se recepcionan los productos del almacén la mayoría de ellos llegan en un estado bruto que implica un proceso de limpieza y eliminación de partes no utilizables del producto (desperdicios, mermas de descongelación, etc.). Esto implica que para costear una receta se necesita conocer el costo del producto que se va a emplear en su estado final.

Para ello, se elaboran pruebas en la cocina, conocidas como pruebas de rendimiento, en donde se lava el producto, limpia, corta, etc. para determinar el peso neto y calcular el costo de éste en su estado aprovechable y que será el que se empleará en la receta. Esta información se introduce en tablas que facilitan el trabajo de costeo posteriormente.

Una tendencia en los restaurantes es determinar el por ciento promedio que al pre-elaborar un producto se obtiene de desperdicio o el peso que adquieren una vez descongelados y fijar los mismos como normas para el resto de las pre-elaboraciones que se hagan de un mismo producto. En las instalaciones turísticas se fijan por cientos para los tipos de productos y se costean a partir de los mismos, que en opinión del autor no es una información real y favorece el uso indebido de los recursos disponibles, pues no todos los productos merman de igual forma y no a todos se les puede aprovechar lo que se llaman desperdicios.

Según la literatura consultada, además de los criterios de especialistas expuestos en los diversos blogs de internet dedicados a la cocina, matemáticamente se puede obtener el por ciento de rendimiento y merma a aplicar como sigue:

$$Merma = (PI_{prod} - (PF_{prod} + D_{aprov})$$

Dónde:

PI_{prod} es Peso Inicial del producto

PF_{prod} es Peso Final del producto elaborado

D_{aprov} son los desperdicios que pueden ser aprovechados

$$\% \, Merma = (\frac{Merma}{PI_{prod}} \, x \, 100)$$

Es importante que cuando se hagan las pruebas de rendimiento se pesen y evalúen aquellas zonas del producto que pueden ser aprovechadas en otras elaboraciones, como por ejemplo las vísceras de los pollos, las cabezas de pescado, los huesos de los lomos de cerdos entre otros.

Estadillo de cocina o relevé

Al establecer las instalaciones valores de automáticos a los productos difíciles de cuantificar su uso, por formar parte de distintos procesos de elaboración, se hace necesario establecer un sistema de control que permita evaluar el comportamiento de éstos, para que el administrador pueda determinar el costo diario de la producción.

En las instalaciones visitadas el autor pudo comprobar que una vez que se cargan al costo estos productos dejan de ser preocupación para los encargados de los puntos de venta, lo cual deviene en una puerta para el derroche y mal uso de éstos. Así mismo ocurre, que, por falta de una cultura económica y gastronómica, no se preocupan por la estabilidad de los inventarios y realizan pedidos de los mismos teniendo en existencias, motivados muchas veces por la ausencia de controles y el poco dominio que tienen de la existencia de los mismos, apelando al criterio del cocinero.

Una práctica internacional en los grandes establecimientos de alimentos y bebidas y en restaurantes de éxito es el establecimiento del modelo conocido como Estadillo de Cocina o Relevé (ECR).

Este instrumento suele confundirse con el Inventario del Punto de Venta (IPV). En el IPV se reflejan las existencias finales de cada producto y el ECR es un parte de consumo diario; en él se relacionarán todas las materias primas que por su volumen / cantidad y precio (por su "peso" específico como componente del costo), quedan en cocina y/o salón después de haber efectuado los servicios del día. El mismo debe ser elaborado por el jefe de cocina reflejando todas las mercancías que se encuentran en el área fuera del inventario, clasificándolas mediante un plan de cuentas que siempre será el mismo y dentro del cual figurarán los productos. Este documento deviene en un auxiliar para el IPV.

Igualmente para el administrador es una herramienta de control que le permitirá conocer por días las existencias reales, además de facilitarle un mayor control sobre los pedidos, ya que le ofrecerá información sobre cuáles son las necesidades reales de abastecimiento para estos grupos y el destino que puede dársele a aquellas elaboraciones que por su contenido no deben ser usadas para la venta a los clientes una vez cerrada las operaciones del día.

Así mismo da oportunidad a la organización de no registrar productos automáticos y realizar diariamente el descuento de los mismos una vez concluida las operaciones o al iniciar las mismas, así se podrán controlar los costos diarios y elaborar estadísticas de consumos por el punto de venta.

Junto con las comandas de restaurante y las copias de las facturas ya saldadas por los clientes, el mismo debe ser remitido por Caja al departamento de ingresos de la instalación para contrastar la concordancia de los mismos.

Como se puede apreciar existe una dicotomía entre fichas técnicas y escandallos como instrumentos de control de costos y gastos en el restaurante. Cada uno cumple una función específica, pero no expresan del todo el contenido del costo – gasto que es originado en todo el proceso.

La aplicación de esta metodología de registro de las existencias de productos al final de las operaciones, fundamentalmente como herramienta de control de existencias y costos, en opinión del autor permite:

✓ Conocer el gasto real en el proceso productivo. Por ejemplo, en el aliñado de una ensalada es imposible determinar el consumo que puede hacer el cliente de aceite y vinagre, por tanto no se puede fijar en una ficha técnica ni en los escandallos y no se recargará al costo el consumo del 100 % de un producto que no ha sido utilizado en su totalidad; otro ejemplo puede darse en el uso del aceite en la plancha cuando se tiran varios miñones. Es impredecible conocer la cantidad de productos que requieren para un mismo equipo.

En el caso del ejemplo de la plancha, cuando se cocina un solo producto solo es necesario enaceitarla una parte, quizás un 10 % del total del área, sin embargo, cuando se marchan varios productos que requieren del mismo equipo, se hace necesario enaceitarla entre un 85 y 100 % del total de su área.

Otro ejemplo clásico es el uso de la freidora. Generalmente este equipo consume demanda entre 25 y 27 litros de aceite, o sea, que de utilizar el sistema de "automáticos" se cargará en un día el costo que representa esta cantidad y quizás el nivel de las ventas no se corresponda con ello. Igual puede ocurrir que en un día se haga necesario cambiar el aceite por el nivel de demanda de productos que requieren de su uso y que por sus características organolépticas puedan dejar impregnados olores y sabores que afectan la calidad del plato.

✓ Establecer una media real de consumo de los diversos géneros según el volumen de ventas, franjas horarias, por familia de productos, etc.
✓ Identificar principales averías o vías de escape de productos (hurtos, excesos de usos, etc.)
✓ Indicar cuándo pedir al almacén

Como puede apreciarse, el concepto de costo se ve afectado cuando se cargan en un día el importe de los productos que son clasificados como automáticos en contraste a cuando son registrados los gastos reales en que se incurren diariamente.

Capítulo 8: Métodos de fijación de precios en la restauración

El precio es la suma del valor, en unidades monetarias que los clientes entregan a cambio de los beneficios recibidos en el restaurante. Producto principal, Servicio, Atención, Instalaciones y Nombre o Marca.

Para un restaurante el mejor precio es el más alto posible que los clientes estén dispuestos a pagar, sin que ello provoque deserciones relacionadas con la disminución de rentabilidad del restaurante.

La fijación de precios en este sector será del enfoque que el administrador le dé y que pueden estar orientadas a:

- Maximizar la rentabilidad
- Maximizar la ocupación
- Gestionar la ocupación y la rentabilidad

Para el cliente el precio real del restaurante no son los precios de cada plato de la oferta / carta, sino el costo total por persona o comensal, es decir, la cuenta promedio (Tc), la cual no es más que la división del total de ingresos del período entre el número de clientes atendidos.

$$Tc = \frac{Ingresos}{Clientes\ atendidos}$$

La cuenta promedio es a su vez en el precio de referencia para el cliente. Se dice que un cliente recuerda más cuánto gastó en un restaurante que los precios de cada plato, y sobre esa base calcula el valor del sacrificio de consumir o no, igualmente desde la perspectiva del cliente, según este precio de referencia crean sus propias expectativas sobre la tipología y tipo de servicio que se ofrece.

Se dice que el precio es la única política que no provoca costos directos, por lo tanto las variaciones en precios afectan directamente a la rentabilidad.

Enfoques de fijación de precios:

a) Fijación de precios basada en la demanda.
b) El Método Descendente de Fijación de Precios
   - Dispersión de Precios
        a) La Ley del 2,5: Si la diferencia entre el plato más barato de la carta y el más caro es superior a 2,5 veces, el ticket medio real (obtenido) será inferior al ticket medio teórico (previsto)
        b) La Ley del 30%: Si la diferencia entre el plato más barato y el más caro de una familia supera el 30%, tendremos de nuevo desviaciones del ticket medio real hacia la baja.
c) Ajuste de precios en función del valor percibido: Este método consiste en identificar el Tc que los clientes están dispuestos a pagar en un restaurante cruzando su percepción de valor percibido con sus experiencias en los competidores directos (enfoque demanda y enfoque competencia).

Atributos	Índice de ponderación	Restaurantes				
		R1	R2	R3	R4	
Calidad de los alimentos (C1)	W_1	V11	V12	V13	V14	
Servicio y atención (C2)	W_2	V21	V22	V23	V24	
Calidad del Establecimiento (C3)	W_3	V31	V32	V33	V34	
Facilidades (C4)	W_4	V41	V42	V43	V44	
Factor Social (C5)	W_5	V51	V52	V53	V54	
Calidad Global	CG_1	CG_2	CG_3	CG_4	CG_5	Calidad Global Media
Índice de Evaluación	I_1	I_2	I_3	I_4	I_5	
Precio del Restaurante	P_1	P_2	P_3	P_4	P_5	Precio Medio
Precio Ajustado	PA_1	PA_2	PA_3	PA_4	PA_5	
Valor Percibido	VP_1	VP_2	VP_3	VP_4	VP_5	

Para la interpretación se deben realizar los siguientes cálculos

Calidad Global

$$CG = \sum_{i=1}^{n} W_i V_{ij}$$

Indice de Evaluación del Restaurante

$$I_j = \frac{CG}{CG\ Media}$$

Calidad Global Media

$$I_j = \frac{\sum\sum W_i V_{ij}}{m}$$

Precio Ajustado del Restaurante

$$PA_j = \frac{I_j}{Pm}$$

Valor Percibido del Restaurante

$$VP_j = \frac{PA_j}{P_j}$$

Donde:

PM = Precio Medio

Wi = Índice de ponderación (Wi € [0.1]

Paj = Precio Ajustado del Restaurante

Ij = Índice de Evaluación del Restaurante

CGj = Calidad Global del Restaurante

CGmedia = Calidad Global Media

VPj: Valor Percibido del Restaurante

Vij: Valor del Restaurante y atributo

Interpretación:

El administrador de restaurante siempre va a interpretar los resultados de la manera más conveniente para su instalación, a partir del análisis de otros factores que puedan estar influyendo en el precio. No obstante si:

P1 < PM Global y la CG1 > CGmedia, y además el valor percibido se encuentra dentro del rango o superior al resto de las instalaciones con las que se realiza la comparación, el Restaurante podrá ir aumentando sus precios.

d) Discriminación de precios: significa vender un producto o servicio a distintos precios en función de factores de demanda o lugar y no en función de variación de costos. En este método se deben pensar en los escenarios del restaurante.

En este sector generalmente se presentan tres escenarios:

1. Días de semana en el horario diurno
2. Días de semana en el horario nocturno
3. Fines de semana y días festivos

Cuando se presentan los dos primeros escenarios, se parte del precio de la carta (Tc1); si este precio no incrementa la ocupación, se sugiere: a) bajar precios (Tc2), b) ofertar un menú a precio fijo (Tc$_2$) y, c) seguir ofertando al mismo precio y efectuar análisis de rentabilidad. Estas dos primeras sugerencias (a y b) se basan en un enfoque de la ocupación.

Cuando se presenta el tercer escenario, donde la demanda se incrementa, los motivos de consumos son distintos, provoca una menor sensibilidad al precio. Los clientes están dispuestos a pagar un poco más de dinero a cambio de no perder tiempo y la inserción entre clientes de fin de semana y días de semana es muy baja.

Ejemplo: Para realizar el análisis se pueden representar cada uno de los escenarios como sigue:

Tabla 2: Análisis de precios por escenarios

Escenario	Q	Tc	Ingresos	Costo de oportunidad
Supuestos	100 servicios	12.00	1200.00	Ø
Escenario 1	80 servicios	12.00	960.00	- 240.00
Escenario 2	100 Servicios	9.00	900.00	- 60.00
Escenario 3	120 Servicios	12.00	1444.00	+ 244.00

Los resultados expuestos en la tabla de ejemplo se obtienen de:

Escenario 1: $Q_1 - Q_0$. Tc_1= Costo de oportunidad
Escenario 2: $Q_2 - Q_3$. Tc_2 = Costo de oportunidad
Escenario 3: $Q_3 - Q_2$. Tc_2 = Costo de oportunidad

Otras fuentes para la fijación de precios que de una forma u otra han sido abordadas en el presente son, a través de la gestión de la oferta y el análisis por medio del Control de Ingresos en el restaurante y la Ingeniería de Menú

Breves conclusiones del capítulo:

Es evidente que, en una instalación gastronómica, son diversas las formas en que se pueden enfocar los análisis, para poder determinar a qué precios y con qué oferta es que se pueden retener clientes y ser rentables; tanto como saber aplicarlos es importante saber interpretarlos. No todos los restaurantes operan de la misma forma, por lo tanto, la primera premisa que un administrador de restaurante debe tener presente es que se debe estudiar a la competencia, pero primero se debe estudiar a la instalación, para poder tomar decisiones que repercutan positivamente.

Capítulo 9: La logística en la restauración

A menudo, los responsables de servicios de alimentos se muestran inclinados a pensar que el proceso de la recepción y almacenamiento de alimentos es algo que se resuelve por sí mismo. Nada más lejos de la verdad si la venta es contar con un servicio eficiente.

Compras

El proceso de compras está compuesto de muchas actividades. Los empleados de producción del departamento de A & B necesitan alimentos, bebidas, y otros suministros para preparar los artículos que servirán a los clientes. Enviarán formularios al personal de almacén – economato, los cuales les distribuirán los productos requeridos.

Las compras son importantes no solo por la razón antes expuesta, se pueden ganar o perder dinero en función de cómo funcione el proceso de compras. Por ejemplo, si se compra poco y se producen roturas de stock, se perderán ventas y los clientes no serán satisfechos. Si se compra demasiado, se inmovilizarán fondos en un inventario innecesario, y estos fondos no estarán disponibles para lograr otras obligaciones.

Objetivos de un programa de compras

Ya sea la compra realizada por el especialista de compras de un gran establecimiento, o por el director de un pequeño local, los objetivos de un programa de compra son los mismos.

> Comprar el producto adecuado
> Obtener la cantidad adecuada
> Pagar el precio adecuado
> Tratar con el proveedor adecuado

a) Comprar el producto adecuado.

El menú dicta que producto debe ser comprado y las cuestiones acerca del tipo, las cantidades a ser comprada, y la calidad de las mismas se vuelven importantes. ¿Qué tipo es el adecuado para el establecimiento?

Para contestar a esta cuestión, los directivos deben desarrollar las especificaciones de compras que reflejen los estándares requeridos por el establecimiento. Una especificación de compras es una descripción detallada que muestra la calidad, tamaño, peso y otros factores deseados para un artículo particular. Una vez desarrolladas, las especificaciones. Una vez desarrolladas, las especificaciones de compras deben hacerse llegar a todos los proveedores. Así cuando usted solicite información de precios, los proveedores sabrán el producto que usted espera y los precios que ofertarán serán más acertados.

La calidad deseada para cada producto es una parte importante de las especificaciones de compra, por lo tanto, para la mayoría de los establecimientos, se deben tomar decisiones difíciles acerca del nivel de calidad que es aceptable para cada producto.

El nivel de calidad necesario para un producto está determinado en parte por el uso previsto del producto. Los estándares de calidad pueden mantenerse más fácilmente si la propiedad produce directamente. Además, es menos probable que se les rompa el stock si realizan el producto en casa.

b) Obtener la calidad adecuada

A la hora de realizar un inventario se necesita responder dos preguntas:

1. ¿Cuánto pedir?
2. ¿En qué momento pedir?

La cantidad óptima de pedido sería:

$$Q = (2*R*S/C)^{1/2}$$

Donde,

R: Demanda de productos

S: Costo de emisión del pedido

C: Costo de mantenimiento del inventario

Costo del pedido = S*R/Q

Costo del inventario = C*Q/2

Costo total = S*# de pedidos + (C*Q/2)

Tiempo de espera: Es el tiempo que transcurre entre la emisión del pedido y el recibimiento del pedido.

Punto de pedido = Tiempo de Espera * Consumo Diario

Existen factores que pueden afectar a la cantidad de los productos comprados. Algunos de estos factores son:

- Precios cambiantes. Las subidas o bajadas de precios pueden afectar la cantidad comprada por un establecimiento.
- Disponibilidad de instalaciones de almacenamiento.
- Costos de almacenamiento y manipulación.
- Aspectos de mal uso y despilfarro de los productos.
- Robos de productos.

- Condiciones del mercado. Por ejemplo, algunos productos pueden tener una oferta limitada.
- Descuento por volumen de compra.
- Requerimientos de pedidos mínimos impuestos por los proveedores.
- Problemas de transporte y entrega.
- Costos de tramitación del pedido. Algunos proveedores cargan los costos de tramitar un pedido. Si esto es así será mejor realizar pedidos mayores en detrimento de la frecuencia.

Los productos perecederos como los frescos, panadería, etc. son artículos que deben ser comprados para el uso inmediato y comprados varias veces a la semana, por lo tanto los directivos puede que no asignen niveles mínimo/máximo a los mismos.

c) Pagar el precio adecuado

Quizá el objetivo más importante de las compras es obtener productos y servicios al precio adecuado. Éste no es necesariamente el precio menor. A menudo, con los precios "ganga" existe la posibilidad de que el producto no sea entregado o que no tenga la calidad adecuada.

Existen muchas técnicas que pueden ser utilizadas para reducir los costos de compra, entre las cuales se encuentran las siguientes:

- Negociar con el vendedor.
- Considerar comprar productos de menor calidad.
- Evaluar la necesidad del producto.
- Eliminar algunos de los servicios del suministrador.
- Combinar pedidos.
- Volver a evaluar la necesidad de artículos de alto costo.
- Pagar al contado
- Especular con las tendencias de precios.
- Cambiar el tamaño de la unidad de compra.
- Sea innovador
- Aprovéchese de los descuentos promocionales de los proveedores.

d) Tratar con el suministrador adecuado.

Los compradores experimentados consideran que deben tenerse en cuenta otros factores, distintos al precio, cuando se selecciona a un suministrador. Estos factores incluyen:

- Localización del suministrador.
- Instalaciones del suministrador.
- Estabilidad financiera.
- Habilidad técnica del personal del suministrador.
- Honestidad.
- Fiabilidad.

Para resumir se puede decir que los compradores no sólo quieren precios razonables, también quieren entregas a tiempo, calidades adecuadas y buen servicio. Cada suministrador potencial puede ser evaluado en cada uno de estos puntos antes de realizar el pedido.

Recepción

En muchos establecimientos la tarea de recepción es realizada por aquel que esté más cerca de la puerta de carga por donde llega el producto. Una adecuada recepción requiere una persona con conocimientos que siga procedimientos específicos de recepción.

Los miembros del personal que reciban productos deben contrastar los productos entrantes con las especificaciones de compra, saber qué hacer cuando aparezcan problemas, y realizar el resto de las tareas de recepción, incluyendo la realización de los informes de recepción.
Cuando se reciben productos existen seis pasos a seguir:

Paso 1: Contrastar los productos entrantes con la orden de compra o con el informe de compra.

Paso 2: Inspeccionar los productos entrantes contra las especificaciones de compra para confirmar que la calidad de los mismos se adecua a los estándares fijados por el establecimiento.

Paso 3: Inspeccionar los productos entrantes contra la factura.

Paso 4: Aceptar los productos.

Paso 5: Por razones de calidad y seguridad, traslade los productos al almacén.

Paso 6: Completar el informe diario de recepciones o cualquier formulario similar que se requiera.

Almacenamiento

Después de que los artículos han sido comprados y recibidos, deben ser almacenados. Las políticas de almacenamiento deberían tratar tres cuestiones:

a) Seguridad
b) Calidad
c) Registro

a) *Seguridad*: En muchos establecimientos se guarda una considerable cantidad de dinero en forma de productos de alimentos y bebidas. Las medidas de seguridad incluyen:

- Áreas de almacenamiento cerradas y seguras.
- Almacenamientos especiales.
- Acceso limitado.
- Procedimientos de control de inventario eficaces.
- Control central de inventarios.
- Iluminación.

b) *Calidad:* El esfuerzo que se hace en desarrollar especificaciones de compra y en chequear los productos entrantes se desperdiciaría si no se salvaguarda la calidad del producto durante el almacenamiento. Los procedimientos básicos de almacenamiento que salvaguardan la calidad incluyen los siguientes:

- Rotación de los stocks de alimentos.
- Almacenar los alimentos a las temperaturas adecuadas.
- Limpiar las áreas de almacenamiento.
- Asegure una adecuada ventilación y circulación del aire.

c) *Registro:* Un establecimiento debe conocer la cantidad y valor de los productos que tiene en su almacén. Debe saber que hay un inventario para así saber qué es lo que debe pedir. Cuando se quiere determinar el costo de alimentos, el valor de los productos retirados del almacén debe ser calculado. Esto no puede hacerse a menos que se lleven los apropiados registros de inventarios (perpetuos o periódicos).

Reducción de los Costos de Inventario

Los niveles de inventarios altos pueden dar problemas de cash flow y de calidad. Los siguientes procedimientos están entre aquellos que pueden utilizarse para gestionar eficazmente su inventario:

- Reducir los niveles de inventario.
- Asegurarse de que los niveles requeridos son correctos.
- Disminuya el número de tipos de productos.
- Evite aceptar entregas tempranas.

Distribución

Hace referencia a la distribución de los alimentos y bebidas de los almacenes a los individuos o departamentos autorizados que requieren estos artículos. Los procedimientos de distribución dependerán en parte del tipo de registro de inventarios que se esté utilizando y también del grado de control que se quiera tener sobre la distribución interna.

Precisar los niveles de inventarios.

Este proceso se desarrolla a partir de la información actualizada que emite el proceso general de Gestión de los inventarios. Cuando esta información no existe, se puede emplear el análisis retrospectivo en el almacén de los niveles de inventario, empleando para ello las existencias registradas en diferentes momentos de períodos anteriores.

Por una u otra vía los valores que deben ser precisados para cada artículo o grupo de artículos son:

- Nivel de inventario promedio: Es la cantidad de recursos que como promedio permanece en el almacén, expresada en la unidad de medida con la que se controla la existencia de los artículos (Ni_{prom}).
- Nivel de inventario máximo: Es la cantidad máxima de recursos exist4ente en el almacén en un momento determinado (MAX).
- Nivel de inventario mínimo: Es la cantidad de recursos existente en el almacén que indica que el inventario debe ser reaprovisionado. El inventario mínimo contiene al inventario de seguridad y al inventario que debe ser consumido desde que se realiza el pedido, hasta el momento del reaprovisionamiento (Ni_{min}).
- Coeficiente de desigualdad (K_d): Expresa el grado de desigualdad entre las entradas y salidas de los artículos en los almacenes. Se calcula como la relación entre el nivel máximo de inventario en un período determinado y el nivel de inventario promedio para ese mismo período. Se calcula mediante la expresión:

$$Kd = \frac{MAX}{Niprom}$$

En este proceso resulta necesario además, determinar la demanda neta de almacenamiento que corresponde al nivel de inventario anteriormente mencionado para cada artículo o grupo de artículos. La demanda neta de almacenamiento es le expresión del espacio ocupado (m^3) por el inventario (máximo o medio). Para su determinación normalmente se emplean índices de conversión que trasforman en m^3 a la unidad de medida en que se encuentre expresado el nivel de inventario. Por ejemplo

Nivel de inventario promedio de la leche en polvo: 125 kg.
Características de la unidad de carga:
Saco de papel multicapas.
Dimensiones del saco: 0.74m * 0.46m * 0.1m.
Volumen que ocupa la unidad de carga: 0034m^3.
Peso de la unidad de carga: 25kg.
Demanda neta de almacenamiento requerida por los 125kg. De leche en polvo = 0.7m^3.

Estudiar el comportamiento de las recepciones y los despachos.

Las etapas de recepción y despachos en almacén deben estar condicionadas, por una partes, a los acuerdos establecidos acerca de los horarios con los suministradores y los clientes, y por otra parte, a la forma en que esté dispuesto el régimen de trabajo del almacén. Ambas condiciones tienen relación de interdependencia.

- La recepción abarca: La descarga de los medios de transporte, la confirmación de los recibos de los valores materiales en los documentos establecidos, el control cuantitativo y cualitativo de los artículos y la preparación de la carga para el almacenamiento.

- El despacho abarca: La recepción del pedido emitido por el cliente, la verificación de la existencia del recurso solicitado, la preparación del despacho o formación el pedido según las órdenes recibidas, la actualización de los registros confirmando la salida del material y la entrega a los clientes.

Tanto para el caso de las recepciones como para el caso de los despachos, las actividades antes definidas pueden tener mayor o menor nivel de agregación.

Las informaciones que deben ser registradas en este proceso son:

- ❑ Horario establecido con los suministradores para la llegada de los medios de transporte.
- ❑ Frecuencia de las recepciones en un período Fr.

$$Fr = \frac{R}{FT}$$

Donde,

R: número promedio de recepciones en un período.
FT: Período de tiempo considerado.

- ❑ Tiempo promedio de ejecución de las recepciones Tr.

$$TR = \sum_{i=1}^{n} TRi$$

Donde,

$tr_{prom\ i}$: Tiempo promedio que demora la i-ésima tarea definida en la recepción.
n: Número de recepciones observadas.

Peso promedio de las recepciones Pr($prom$).

$$Pr(prom) = \frac{\sum_{i=1}^{n} pr\ i}{n}$$

Donde,

pr $_i$: Peso registrado en la i-ésima recepción observada.
n: Número de recepciones observadas.

❑ Volumen promedio de las recepciones Vr (prom).

$$Vr(prom) = \frac{\sum_{i=1}^{n} vr\,i}{n}$$

Donde,

vri: Volumen registrado de la i-ésima recepción observada.
n: Número de recepciones observadas.

❑ Número promedio de surtidos por recepción NSR.

$$NSR(prom) = \frac{TSR}{n}$$

Donde,

TSR: Total de surtidos recepcionados en el período.
n: Número de recepciones realizadas en el período.

❑ Horario de entrega a los clientes de los artículos solicitados.
❑ Frecuencia de despacho en un período Fd.

$$FD = \frac{D}{FT}$$

Donde,

D: Número promedio de despachos que se producen en un período.

❑ Tiempo de ejecución del despacho Td.

$$Td = \sum_{i=1}^{n} tdi$$

$$Td = \sum_{i=1}^{n} td_i$$

Donde,

td_i : Tiempo promedio de demora de la i-ésima tarea definida en el despacho.

❑ Peso promedio de los despachos $\overline{Pd}$.

$$\overline{Pd} = \frac{\sum\limits_{i=1}^{n} pd_i}{n}$$

Donde,

pd$_i$: Es el peso registrado del i-ésimo despacho observado.

n: Número de despachos observados.

❑ Volumen promedio de los despachos Vd.

$$\overline{Vd} = \frac{\sum\limits_{i=1}^{n} vd_i}{n}$$

Donde,

vd$_i$: Volumen registrado del i-ésimo despacho observado.

n: Número de despacho observado.

❑ Número de promedio de surtido por despacho NSD.

$$\overline{NSD} = \frac{TSD}{n}$$

Donde,

TSD: Total de surtidos despachados en el período.

n: Número de despachos realizados en el período.

❑ Total de artículos solicitados que no han sido satisfechos por ruptura de inventario.

Deben registrarse a partir de las órdenes de solicitud de materiales, el tipo y la cantidad de renglones que han sido solicitados y no han sido despachados.

Los indicadores referidos a tiempo promedio de duración de las actividades de recepción y despachos son tomados como información inicial, ya que los mismos pueden ser redimensionados a partir de decisiones tomadas en otros procesos.

❑ Coeficiente de inestabilidad (Kin).

Este indicador se emplea para identificar el grado de inestabilidad que hay en cualquiera de los indicadores que caracterizan a la recepción o el despacho.

Esta inestabilidad se identifica como la relación entre valores máximos y promedios, por ejemplo.

- ❖ Número máximo de recepciones en un período y número promedio de recepciones en ese período.
- ❖ Peso máximo de recepciones en un período y peso promedio de la recepciones en ese período.
- ❖ Volumen máximo de recepciones en un período y volumen promedio de las recepciones en ese período.
- ❖ Número máximo de surtidos en un período y número promedio de surtidos en ese período.

Estas mismas relaciones pueden ser establecidas para las actividades de despachos. La selección del indicador al que se le determine el coeficiente de inestabilidad, depende de los objetivos que se persiguen y/o de la variación del comportamiento del indicador.

Estructura de los costos de aprovisionamientos.

La estructura de los costos relevantes para la función de aprovisionamientos es la siguiente:

Costo de adquisición de los pedidos, es el valor de los artículos comprados. En este valor pueden quedar incluidos pagos de seguros, impuestos aduaneros, fletes u otros costos en los que se incurre durante la transportación siempre que se consideren proporcionales al precio del artículo.

Costo de emisión del pedido, son los que corresponden a la preparación, transmisión y seguimiento del pedido; A la transportación del pedido, si los costos en los que se incurre por este concepto guardan relación con el número de pedidos realizados; a la descarga y la recepción de los artículos recibidos.

Costos de almacenaje, son los que corresponden con la operación del almacén, el pago de impuestos y seguros sobre los artículos almacenados y los riesgos por pérdidas, averías, robos y obsolescencia.

Costos de oportunidad o de capital inmovilizado, es el beneficio dejado de obtener por inmovilización del capital invertido en inventarios.

Costos de ruptura, son los que corresponden a las afectaciones que ocasiona la falta de un artículo en inventario. Este tipo de costo se manifiesta en distintos efectos, algunos de los cuales son: beneficio dejado de obtener por la pérdida o el retardo de una venta, el costo por adquirir en condiciones de contingencia el mismo artículo o un sustituto, el costo del tiempo de parada y/o del cambio de lote de producción. Estos efectos se aprecian de manera inmediata en la ganancia que se deja de percibir y de manera mediata en la pérdida de imagen por la satisfacción del cliente.

Determinación de los costos totales de aprovisionamientos.

1- Costo total de adquisición en el período (Cad)

$$Cad = \sum cad1 * D1$$

Donde,

n: número de artículos diferentes a adquirir en el período

cad_i : costo de adquisición del i-ésimo tipo de artículo

D_i : demanda total del i-ésimo tipo de artículo en el período

2- Costo total de emisión en el período (Ce).

$$Ce = C_{e1} + C_{e2} + C_{e3} + C_{e4} + C_{e5} + C_{e6} + C_{e7} + C_{e8}$$

Donde,

C_{e1}: Estimado del costo de los modelos, impresos y materiales de oficina. Este valor resulta generalmente despreciable.

C_{e2}: Estimado del costo de combustible gastado durante la transportación de los suministros que realice la organización y durante las gestiones del pedido.

C_{e3}: Estimado del costo de energía gastada, incluyendo la necesaria para iluminación y equipos de procesamiento de información.

C_{e4}: Estimado del costo del salario del personal que atiende el proceso de los pedidos y de los choferes y ayudantes de los equipos de transporte de la organización, que realizan el traslado de los suministros.

C_{e5}: Costo por contribución a la seguridad social.

C_{e6}: La amortización correspondiente a los equipos de transporte externo, equipos de procesamiento de la información y equipos de comunicación.

C_{e7}: Costos de las mermas, pérdidas y deterioros que sufren las mercancías en el proceso de transformación que son imputables a la organización.

C_{e8}: Se incluyen otros gastos monetarios tales como comunicaciones, dietas de choferes, alquiler de equipos de transporte externo, pago por fletes a la entidad que transporte los suministros, si el mismo no constituye parte del costo de adquisición.

3- Costo total de almacenamiento en el período (Cal)

$$Cal = C_{a1} + C_{a2} + C_{a3} + C_{a4} + C_{a5} + C_{a6} + C_{a7} + C_{a8}$$

Donde,

C_{a1}: Costo de los materiales correspondiente a envases, embalajes y materiales auxiliares de envases y embalajes, además del estimado de los gastos de modelos, impresos, materiales de limpieza y oficina en que incurre el almacén.

C_{a2}: Estimado del costo de combustible gastado por los equipos de manipulación durante la recepción, el despacho y el almacenamiento.

C_{a3}: Estimado del costo de energía gastada en el almacén, incluyendo la necesaria para iluminación, equipos de climatización, equipos de procesamiento de la información y cargas de baterías de equipos de manipulación.

C_{a4}: Estimado del costo de salario de todo el personal que labora en el persona.

C_{a5}: Costo por contribución a la seguridad social.

C_{a6}: El correspondiente a la amortización de las edificaciones y redes para la recepción, almacenamiento y despachos, y a los equipos de manipulación, climatización, pesaje, procesamiento de información y medios de almacenamiento.

C_{a7}: Costo de las mermas, pérdidas, deterioros y obsolescencia que sufren los productos en el período de almacenamiento.

C_{a8}:Incluye el pago por seguros, impuestos, comunicaciones y alquiler de instalaciones y equipos durante el almacenamiento.

4- Costo total de oportunidad (Co)

$$Co = V(NI)_{prom} * TI$$

$$V(NI)_{prom} = \Sigma (cad_i * Ni_{prom\,i})$$

Donde,

$V(NI)_{prom}$:Valor del nivel de inventario que se mantiene como promedio en el período considerado.

TI: Tasa de interés empleada por las organizaciones bancarias para incrementar el capital depositado o tasa de impuesto que se carga a la organización por la solicitud de créditos para la compra de materiales.

$Ni_{prom\,i}$:Nivel de inventario promedio de cada artículo.

5- Costo total de mantenimiento de inventario (Cm).

$$Cm = Cal + Co$$

6- Costo total de ruptura de inventario (Cr).

$$Cr = \Sigma\, cr_i$$

Donde,

k: número de artículos distintos que provocan ruptura.

cr_i: costo de ruptura del i-ésimo artículo que la causó.

7- Costo total de aprovisionamientos en el período (CTA).

De acuerdo con los valores calculados anteriormente, el costo total de aprovisionamientos en el período considerado es:

$$CTA = Cad + Ce + Cal + Co + Cr$$

Evaluación de los suministradores

Los suministradores de la organización deben ser sometidos a un proceso de evaluaciones periódicas con el objetivo de disponer de elementos (cuando estos se necesiten) que fundamenten la continuación o suspensión de las relaciones establecidas y también de brindar información que retroalimente la ejecución y monitoreo del contrato.

La ecuación que se plantea para realizar la evaluación, abarca los criterios que con más frecuencia se considera para evaluar a los suministradores los que son: calidad de los artículos, tiempo de entrega, faltantes en la entrega, flexibilidad en la respuesta a solicitudes de la organización y establecimiento de los precios. No obstante pueden ser suprimidos o incorporados nuevos criterios a la expresión en dependencia de las características de la organización que aplique la expresión.

La periodicidad de las evaluaciones, debe ser determinada según las características se señalan: duración del contrato, resultados de evaluaciones anteriores y tiempo transcurrido desde el comienzo de la relación.

La expresión para realizar la evaluación es la siguiente:

$$ES_{ij} = a_1 * RC_{ij} + a_2 * RT_{ij} + a_3 * FE_{ij} + a_4 * F_{ij} + a_5 * RP_{ij}$$

Donde,

ES_{ij}: Evaluación j-ésima del suministrador i-ésimo.
I: i-ésimo suministrador.
j: j-ésima evaluación.
a_1, a_2, a_3, a_4, a_5: magnitudes que reflejan el peso que cada organización otorga a cada uno de los criterios evaluados. La suma de estos valores en la ecuación resultante es igual a uno.
RC_{ij}: Relación de calidad del i-ésimo suministrador en la j-ésima evaluación.
RT_{ij}: Relación del tiempo de suministro del i-ésimo suministrador en la j-ésima evaluación.
FE_{ij}: Faltantes en la entrega del i-ésimo suministrador en la j-ésima evaluación.
F_{ij}: Flexibilidad demostrada por el i-ésimo suministrador en la j-ésima evaluación.
RP_{ij}: Relación de precios del i-ésimo suministrador en la j-ésima evaluación.

Todos los criterios se expresan en valores comprendidos entre 0 y 1, ambos inclusive.

A continuación se explica el contenido de cada uno de los términos de la expresión.

1. Relación de calidad (RC)

Expresa el grado de cumplimiento de las características cualitativas de los artículos que suministra el proveedor.

RC = Cantidad total de artículos aceptados / Cantidad de artículos recibidos

2. Relación del tiempo de suministro (RT)

Expresa el grado de cumplimiento que mantiene el suministrador en los tiempos de entrega acordados.

RT = 1   si, Tiempo real de entrega = Tiempo acordado

RT = 0,8 si, Tiempo real de entrega = Tiempo acordado + 1 ó 2 intervalos de tiempo

RT = 0,5 si, Tiempo real de entrega = Tiempo acordado + 3 ó 4 intervalos de tiempo

RT = 0   si, Tiempo real de entrega = Tiempo acordado + 5 o más intervalos de tiempo

Es posible establecer una escala de valores que penalice la entregas antes de tiempo, ya que también esta situación, puede tener implicaciones indeseables en la evaluación del nivel de inventario.

3. Faltante de entrega (FE)

Expresa el grado de cumplimiento de las cantidades en cada pedido.

FE = 1   si, Cantidad de artículos o lotes recibidos / Cantidad de artículos o lotes solicitados = 1

FE = 0,8 si, 1 > Cantidad de artículos o lotes recibidos / Cantidad de artículos o lotes solicitados ≥ 0,95

FE = 0,5   si, 0,95 > Cantidad de artículos o lotes recibidos / Cantidad de artículos o lotes solicitados ≥ 0,90

FE = 0   si, 0,9 Cantidad de artículos o lotes recibidos / Cantidad de artículos o lotes solicitados

4. Flexibilidad (F)

Expresa el grado de respuesta del suministrador frente a variaciones solicitadas por la organización, de los contratos acordados.

F = 1 si, no se producen variaciones o si la respuesta a las variaciones es muy satisfactoria.

F = 0,8 si, la respuesta es satisfactoria

F = 0,5 si, la respuesta es poco satisfactoria

F = 0   si, no se aceptan cambios

5. Relación de precios (RP)

Expresa la relación entre el mínimo precio al cual se encuentra el artículo en el mercado y el precio planteado por el suministrador.

RP= Mínimo precio establecido en el mercado / Precio planteado por el suministrador

6. La evaluación general de un suministrador es el resultado que se obtiene de promediar las evaluaciones realizadas en un período de tiempo, lo que resulta al aplicar la siguiente ecuación:

$$ES_{i\,(prom)} = \Sigma\, ES_{i\,j} \,/\, k$$

Donde,

ES $_{i (prom)}$: Evaluación promedio del i-ésimo suministrador en el período considerado.

k: Número de evaluaciones realizadas en el período considerado.

El resultado que se obtenga puede ser comparado con una escala que evalúe al suministrador como excelente, bueno, regular o deficiente.

Características de los almacenes

Almacenes no climatizados

- Temperatura de $30 + 3\ ^0C$.
- Buena iluminación y ventilación.
- Locales secos, bajo techos y limpios.
- Estibas con Pallet con 30 cm de separación sobre el piso.
- Separación entre estibas o anaqueles de 15 cm entre sí.
- Separación máxima de la pared de 50 cm.
- Altura máxima de la estiba o anaquel de 4 m.

Almacenes climatizados

- Cámaras de conservación entre 0 y 15 ^0C (la norma es de $4 + 2\ ^0C$, con un 85 – 95% de humedad relativa).
- No deben ocurrir cambios bruscos de temperatura.
- No deben conservarse diferentes productos, de características no homogéneas en una misma cámara fría.
- Muchos productos deben ir colgados y separados entre sí para facilitar la circulación de aire frío.
- Los productos a almacenar en conservación son:

  - Frutas y vegetales
  - Huevos
  - Embutidos
  - Aceites y grasas
  - Leches y otros productos lácteos, menos helado
  - Desperdicios sólidos
  - Bebidas

- Las cámaras de congelación tendrán una temperatura entre –18 y 0 ^0C, con una humedad relativa entre el 85 – 90%.
- En las cámaras y neveras de congelación no pueden ocurrir cambios bruscos de temperatura.
- No deben recongelarse los productos.
- Los pescados y mariscos no deben ir en estibas de más de 8 cajas o sacos, con una separación de la pared de 10 cm como mínimo.
- Los productos que se almacenan en estas cámaras son:

Carnes de res, aves, y/o sus derivados.
Pescados y mariscos.
Helados.

Cálculo de la cantidad de alimentos a almacenar

1. Cta = {# Comensales servir/día} { 0,953 Kg mat. prima} {% mat. prima} {Cantidad días almacenamiento por tipo de alimento}

o lo que es lo mismo: Cta = (a) (b) (c) (d)

Donde,

Cta: Cantidad de alimentos a almacenar
(a): Números de consumidores a servir por día
(b): 0,953 constante de materia prima por menú persona
(c): % de materia prima a almacenar. Constante por cada tipo de almacenamiento.
- 45,5 % Refrigeración
- 31,5 % Congelación
- 23,0 % Ambiente
(d): Cantidad de días promedio por cada tipo de almacenamiento:

- Refrigeración 7 días
- Congelación 10 días
- Secos 15 días

Volumen interior = Cta / índice de capacidad según cada tipo de almacén a usar (metros cúbicos)

241 Kg/m Refrigeración
353 Kg/m Congelación

Área interior = Volumen interior/ 2,3m (altura sugerida para las cámaras)
Requerida m2

Mínimos: Refrigeración mayor o igual a 6 m^2
Congelación mayor o igual a 4,5 m^2

Área exterior m2 = Área interior requerida en m2 / 0,86 (factor)
Área de almacén = Cta / 70,9 Kg/m (índice de capacidad constante)
Seco m2

Parámetros generales:

- Emplazamiento en territorio alto, seco, de buenas propiedades filtrantes, no inundables por aguas pluviales o fluviales.

- Orientación con el eje longitudinal perpendicular a la dirección de las brisas diurnas predominantes en el país: más/menos 45 grados noroeste en la costa norte y sudeste en la costa sur.
- Las áreas locales que produzcan malos olores se colocarán a sotavento.
- La solución volumétrica deberá permitir el crecimiento perspectivo de las áreas de almacenamiento.
- La ventilación de los almacenes no climatizados será natural, siempre y cuando el fenestraje garantice el número de cambios por hora previsto.
- Los sistemas de ventilación artificial se diseñarán independientemente de la solución adoptada para la ventilación natural.

Distribución espacial de las áreas.

AREA TOTAL: Es la suma de las áreas básicas, auxiliares y constructivas del almacén At, donde:

$$At = L*A,$$

L= Largo del almacén
A= Ancho del almacén

AREA BASICA: Es la suma de todas las áreas del almacén dedicadas a los procesos de recepción, almacenamiento y despacho de las mercancías Ab, donde:

$$Ab = Ar + Aa + Ad$$

Ar = Área de recepción
Aa = Área de almacenamiento
Ad = Área de despacho

AREA DE RECEPCION Y/O DESPACHO: Es el área dedicada a la colocación de los artículos durante el tiempo que duren los procesos de recepción y despacho de las mercancías en el proceso diario de trabajo de la entidad, La magnitud de las área de recepción y despacho pueden encontrarse entre el 10% y el 40% del área total del almacén, en dependencia de la velocidad de entrada y salida de los artículos, del tipo de artículo que incluya la nomenclatura y de la magnitud de los volúmenes de recepción y despacho.

Una expresión que permite calcular aproximadamente el área de recepción y despacho es:

$$Ar\ \acute{o}\ Ad = \frac{Q * d * K_{im}}{[UM/M^2] * K_{aa}}$$

Donde:

Q =	Carga promedio recibida o enviada en una recepción o despacho, expresada en alguna unidad de medida.
d =	Días que como promedio demora la actividad de recepción o despacho de esa carga.
Kim =	Coeficiente de inestabilidad de las recepciones o despacho. Esta entre 1,2 y 1,5.
$[UM/M^2]$ =	Es la relación que existe entre la unidad de medida en la que está la carga y el área que ocupan las mismas.
Kaa =	Coeficiente de utilización del área de recepción o despacho. Este valor está relacionado con la tecnología de manipulación en la recepción y el despacho. Toma valores entre 0,2 y 0,5.

AREA DE ALMACENAMIENTO: Es el área del almacén dedicada a la permanencia de los artículos que componen el inventario y al acceso a los mismos. Abarca el área útil y el área de los pasillos.

AREA UTIL: Es el área ocupada por cargas unitarias y se calcula por la expresión:

$$\sum_{i=1}^{n} [Nmi/\, Nmei] * Ai$$

Donde.

Au =	Area útil ocupada por las cargas unitarias.
I =	i-ésimo tipo de cargas unitarias seleccionado.
n =	Número de caargas unitarias selecionadas
Nmi =	Números de medios calculados del tipo i
Nmei =	Números de medios o cargas del tipo i que son ubicadas en una estiba. Este número depende de la altura del almacén y de los requisitos de estiba.
Ai =	Área que ocupa la carga i-ésima, incluyendo el área de holgura necesaria para la manipulación de las estibas (generalmente 0,05 metros por cada lado).

AREA UTIL OCUPADA POR ESTANTES: Se calcula como:

$$Au = \sum_{i=1}^{n} [Nmodi/\, Amodi] * Ai$$

donde,

Au =	Área útil ocupada por estantes.\
i =	i-ésimo tipo de estante.
n =	Número de estantes diferentes seleccionados.
Nmodi =	Número de módulos de estantes calculados del tipo i
Amodi =	Area ocupada por un estante del tipo i

El área útil total será la sumatoria del área útil ocupada por cargas unitarias directas y por estanterías.

Área de pasillos:

Pasillos de trabajo: Son aquellos por los cuales se accede al área útil para tomar o depositar las cargas. El ancho de los pasillos depende de la tecnología de manipulación que se haya seleccionado. En el caso de la manipulación manual, el ancho recomendado para los pasillos oscila entre 0,8 metro y 1,0 metro en dependencia del volumen de las cargas que se almacenen. En el caso de emplearse carros industriales, el ancho de pasillos depende de las características de operación del equipo, dimensiones de las cargas y holguras necesarias.

Pasillos de circulación: Son pasillos que conectan a los pasillos de trabajo o al área de almacenamiento con las restantes áreas del almacén. En el caso de emplearse carros industriales, los mismos se establecen de una o de dos vías y se toma en consideración el ancho del equipo y la holgura de manipulación necesaria.

Ancho del pasillo de circulación en un solo sentido; $Ap = A + 0,3$
Ancho del pasillo de circulación en dos sentidos; $Ap = 2A + 0,6$

Pasillo de inspección o seguridad: Son los que deben existir para el tránsito del personal que trabaja en los almacenes para garantizar el acceso necesario en caso de inspección, accidentes, incendios, etc. Estos pasillos deben tener establecidos como mínimo 0,6 metros de ancho.

AREAS AUXILIARES: Este grupo de áreas en las que se incluyen los baños, taquillas, áreas de estacionamiento de equipos de manipulación, áreas administrativas y otras áreas similares, es recomendable proyectarlas como áreas externas al almacén de forma tal que no ocupen espacios que puedan ser utilizados como áreas básicas, no obstante de existir, deben ser tomadas en cuenta sus dimensiones.

AREAS CONSTRUCTIVAS: Son áreas ocupadas por elementos tales como columnas, paredes, escaleras y rampas. Una vez dimensionadas las diferentes áreas que integran el almacén, debe procederse a la distribución de las mismas. Para ello es necesario considerar los principios generales de distribución en planta de los almacenes. Entre estos últimos se encuentran:

❖ Mantener la necesaria accesibilidad a los productos.
❖ Realizar movimientos sin retornos, ni en zigzag, ni interrupciones innecesarias en el flujo.
❖ Garantizar la disciplina "Primero que entra primero que sale".
❖ Utilizar las mínimas distancias posibles.
❖ Cumplir las regulaciones que imponen las normas de protección contra incendio en almacenes.

Flujo de materiales.

Un elemento que se debe considerar en la distribución en planta, es que el flujo que seguirán las cargas durante el proceso de recepción, almacenamiento y despacho. Este flujo puede ser organizado de diferentes formas, siendo las más empleadas la lineal y la forma en "U" o callejón cerrado.

Las ventajas del flujo lineal son que dan una mayor independencia entre las actividades de recepción y de despacho.

Las ventajas del flujo en "U" son:

- Generalmente es mayor la capacidad de almacenamiento.
- La ubicación de los productos se puede estratificar por peso, volumen, etc.
- Permite que las cargas más pesadas, voluminosas o de mayor rotación, se encuentren más cercanas al área de recepción y despacho.

Tiempos y temperatura de conservación de los alimentos

Tiempo máximo de almacenamiento de productos a temperatura de refrigeración de 2 a 6 grados C con una humedad relativa del 85 al 95 %.

Alimentos	Tiempos (días)
Carne de res	3
Vísceras de res y de cerdo	3
Aves	3
Vísceras de aves	2
Pescado	2
Jamón de pierna y paleta	15
Jamón Viking	8
Jamón de pierna (cura seca)	45
Lomo ahumado	15
Tocino	30
Jamonada	8
Mortadella	8
Chorizos	30
Ancas de ranas	2
Butifarras de perro	4
Fritas, croquetas, pastas de bocadito	3
Leche pasteurizada	2
Yogurt	10
Yogurt batido y queso crema	7
Crema de leche	2
Queso blanco y queso proceso	30
Requesón	10
Mantequilla	15
Quesos semiduros	120
Quesos duros	180

Temperatura y tiempo de conservación de productos pre-elaborados

Productos	Temperatura (C)	Tiempo máximo de conservación (Hr)
Carnes:		
Porciones de carne (0,5-1,5) Kg, limpia para asar.	0-4	48
Porciones de carne (100-200) g Bistec, etc.	0-4	36
Porciones de carne (10-50) g lonjas de filete, etc.	0-4	24
Carnes empanizadas	0-4	30
Aves:		
Porciones de pollo	0-4	36
Vísceras de pollo	0-4	30
Pescado:		
Pescado preparado en ruedas y filete de pescado.	0-3	24
Picadillo de pescado, cortes para eperlán, etc.	0-3	6
Vegetales:		
Papas peladas sin cortar, conservadas en agua.	Ambiente	4
Zanahoria, apio, cebolla, remolacha, pelados y limpios.	0-4	24
Col limpia.	0-4	48
Tomate, ají sin semilla, lechuga, habichuelas, cebollinos (lavados)	0-4	12
Papa, malanga, yuca y otras viandas peladas y conservadas en agua.	0-4	12

Temperatura y tiempo de conservación de productos elaborados

Productos	Temperatura (C)	Tiempo máximo de conservación
Carnes asadas	0-4	30 horas
Carnes y pollos hervidos	0-4	30 horas
Pescados fritos y albóndigas	0-4	30 horas
Alimentos cocinados (chilindrón, fricasé, etc.).	0-4	No se ofertan para el consumo el día siguiente de su elaboración.

Aspectos fundamentales a seguir en la planificación y ubicación de áreas de almacenamiento:

• Principio de proporcionalidad, linealidad, continuidad

1. Que se encuentre en relación directa con la recepción de materias primas por un lado y con las áreas de elaboración por el otro.
2. Son superficies rentables, por lo tanto deben ser proporcionales con los volúmenes de producto a almacenar.
3. Que aseguren el régimen más adecuado de almacenamiento y conservación de productos para minimizar las pérdidas por deterioro que afectan los costos de materias primas, y por ende el estado de ganancias y pérdidas del balance general de la entidad.

En los almacenes climatizados todas las puertas serán isotérmicas, abrirán siempre hacia fuera del local, tendrán cierre exterior y se podrán accionar desde adentro. Las cámaras de congelación nunca abrirán hacia locales climatizados, se preverá entre cámaras en todos los casos. En cámaras mínimas de 2 estantes el pasillo interior será 1m.

Análisis de riesgos y puntos críticos de control.

El proceso de globalización vivido actualmente lleva a la industria turística y en este caso a la restauración a modificar su actitud hacia el mercado. El hecho de contar con información disponible en todo momento y de diversos orígenes provoca un cambio en el proceso de toma de decisiones con respecto a la producción y acceso al mercado consumidor.

Por su parte la facilidad que brindan las comunicaciones hace más fluidos y ágiles los contactos y compromisos comerciales, aumentando la efectividad de los negocios. De esta manera, se ponen de manifiesto claramente las condiciones de oferta y demanda de productos, permitiendo una ajustada respuesta a las necesidades de consumo o al menos permitiendo conocer quiénes son los óptimos proveedores para cada exquisito demandante.

En este ambiente surge la calidad como un elemento de evaluación de la satisfacción de requisitos. La madurez que se va logrando en los distintos mercados hace que la multiplicidad de oferta deba diferenciarse entre sí para obtener el beneficio de la elección por parte de los consumidores.

La calidad de un producto alimenticio está determinada por el cumplimiento de los requisitos, tanto legales como comerciales, la satisfacción del consumidor y la producción en un ciclo de mejora continua.

Surge como predominante la idea de la prevención de fallas y la consideración de la misma desde la producción de materias primas, lo cual se relaciona directamente con la implementación de las Buenas Prácticas de Manufactura.

Entonces, al hablar de prevención se hace referencia a los riesgos que se corren en toda cadena agroalimentaria. Riesgo es la *probabilidad* de que un agente contaminante, presente en un determinado alimento, cause daño a la salud humana. Los *contaminantes* pueden ser de origen físico, químico o microbiológico y manifestarse como peligros en diferentes etapas.

La dotación de contaminantes que la *materia prima* y los *ingredientes* incorporan al proceso puede representar un peligro. Por otra parte, las condiciones del *establecimiento* elaborador, así como las condiciones mismas de *elaboración* también pueden implicar riesgos.

La forma más eficiente de minimizar los riesgos que se presentan a lo largo de una línea de producción es el control de los puntos en los cuales los riesgos se eliminan o reducen. Un sistema de prevención de riesgos de la inocuidad de alimentos es el denominado como Análisis de Riesgos y Puntos Críticos de Control (HACCP, sigla en inglés).

El sistema HACCP garantiza la inocuidad de los alimentos mediante la ejecución de una serie de acciones específicas.

Como primera medida es necesario conformar el equipo HACCP que será responsable de adaptar el modelo conceptual a la realidad y de diseñar el plan para la implementación de este sistema. Dicho equipo puede estar conformado por el personal que intervenga en el proceso, principalmente el chef, ayudantes, jefe de compras y debe incluir personal que no pertenezca a la entidad y que son necesarios sus conocimientos, por ejemplo: alimentólogos y microbiólogos.

El equipo HACCP es quién elabora el diagrama de flujo de la línea de producción sobre la que se observarán los puntos críticos de control. Esta actividad parece de menor importancia, pero de la correcta adecuación del diagrama a la realidad depende el desenvolvimiento exitoso del sistema HACCP.

El sistema HACCP considera 7 principios:

Principio 1: Identificar los posibles peligros asociados con la producción de alimentos en todas las fases, el cultivo, elaboración, fabricación y distribución, hasta el punto de consumo. Evaluar la probabilidad de que se produzcan peligros e identificar medidas preventivas para su control.

En este principio se recomienda preparar una lista de pasos u operaciones del proceso en el que puedan ocurrir peligros significativos y describir las medidas preventivas. El equipo HACCP, debe enumerar todos los peligros biológicos, químicos o físicos que podrían producirse cada fase. A continuación el equipo HACCP, analizará cada uno de los peligros y determinará qué medidas preventivas, si las hay, pueden aplicarse para controlar cada peligro.

El paso siguiente es la identificación, en cada etapa del proceso de elaboración del alimento, de los posibles puntos de contaminación. Finalmente, realizar el análisis del proceso en su conjunto, desde la recepción de las materias primas, el proceso de elaboración, el almacenamiento, la distribución, hasta el momento en que el alimento es utilizado por el consumidor.

Principio 2: Identificación de los Puntos Críticos de Control (PCC) en el proceso, es decir, la determinación de los posibles puntos o fases que corren peligros de contaminación.

Principio 3: Establecer los límites críticos de cada uno de los Puntos Críticos de Control identificados que aseguren que dichos PCC están bajo control. Este principio impone la especificación de los límites críticos para cada medida preventiva. Estos límites críticos son los niveles o tolerancias prescritas que no deben superarse para asegurar que el PCC está efectivamente controlado.

Principio 4: *Establecer un sistema de vigilancia para asegurar el control de los PCC mediante ensayos u observaciones programados.*

El monitoreo o vigilancia es la medición u observación programada de un PCC en relación con sus límites críticos. Los procedimientos de vigilancia deberán ser capaces de detectar una pérdida de control en el PCC. Sin embargo, lo ideal es que la vigilancia proporcione esta información a tiempo para que se adopten medidas correctivas con el objeto de recuperar el control del proceso antes de que sea necesario rechazar el producto.

La mayoría de los procedimientos de vigilancia de los PCC, deben efectuarse con rapidez. Frecuentemente se prefieren mediciones físicas y químicas más que ensayos microbiológicos, ya que, se realizan más rápido y por lo general, son indicadores del estado microbiológico del producto.

Principio 5: Establecer las medidas correctivas que habrán de adoptarse cuando la vigilancia o el monitoreo indiquen que un determinado PCC no está bajo control o que existe una desviación de un límite crítico establecido. Cuando indefectiblemente se produce una desviación de los límites críticos establecidos, los planes de medidas correctivas deben responder objetivamente a:

- Tener definido con antelación cual será el destino del producto rechazado.
- Corregir la causa del rechazo para tener nuevamente bajo control el PCC.
- Llevar el registro de medidas correctivas que se han tomado ante una desviación del PCC.

Principio 6: Establecer procedimientos de verificación, incluidos ensayos y procedimientos complementarios, para comprobar que el sistema HACCP está trabajando adecuadamente. Como actividades de verificación se pueden mencionar:

- Examen del Sistema de Análisis de Riesgo y Puntos Críticos de Control (HACCP).
- Examen de desviaciones y del destino del producto.
- Operaciones para determinar si los Puntos Críticos de Control (PCC) están bajo control.
- Validación de los límites críticos establecidos.

Principio 7: Establecer un sistema de documentación sobre todos los procedimientos y los registros apropiados a estos principios y a su aplicación. Esto significa establecer un sistema de registros que documentan el HACCP. Así puede llevarse registros de:

- Responsabilidades del equipo de HACCP.
- Modificaciones introducidas al programa HACCP.
- Descripción del producto a lo largo del procedimiento.
- Uso del producto.
- Diagrama de flujo con PCC indicados.
- Peligros y medidas preventivas para cada PCC.
- Límites críticos y desviaciones.
- Acciones correctivas.

De lo descrito hasta este punto se deduce que la única clave para el buen funcionamiento de un sistema HACCP es el personal.

En cuanto a los beneficios de la implementación de un sistema HACCP, en primer lugar se asegura la obtención de alimentos inocuos con la consecuente reducción de costos por menores reclamos por daño de parte de los consumidores. En segundo lugar y desde el punto de vista comercial, tener este sistema implementado puede representar una herramienta de marketing que mejore el posicionamiento de la empresa en el mercado. Por último, se logra eficientizar el funcionamiento de la empresa dada la organización que requiere la implementación del sistema.

Finalmente, tras la implementación de un sistema HACCP la empresa está en condiciones de brindar respuestas oportunas a los cambios en las necesidades de los consumidores. De esta manera, se logra acceder a un ciclo de mejora continua que ubica a la empresa en una posición de privilegio respecto a sus competidores.

Capítulo 10: Tendencias actuales en el servicio gastronómico

Producción y servicio de alimentos y bebidas

En términos simples, el objetivo de la *producción de alimentos* es la preparación de los artículos del menú en las cantidades necesitadas y con la calidad deseada, a un costo apropiado para el establecimiento. La *cantidad* es el elemento que distingue la producción en establecimientos de negocio de la preparación en los hogares. La *calidad* se convierte en una consideración extremadamente vital en la producción masiva de alimentos debido al número de empleados implicados. La calidad incluye no solo los aspectos estéticos de un producto alimenticio sino también factores nutritivos y la seguridad e higiene del producto. El costo, por supuesto, determina si un producto debe o no ser producido para un cliente específico. En la última década los propietarios y directores de establecimientos y servicios de A+B están siendo retados por unos crecientes costos de las materias primas, de la energía y la mano de obra. La llave del éxito reside en que los directores hagan un esfuerzo para cambiar las estrategias y los estilos de dirección.

Después del aprovisionamiento, la producción puede considerarse como el siguiente subsistema principal en el proceso de transformación de un sistema de prestación de servicios de A+B. *Producción* en un sentido genérico es el proceso por el cual se crean los productos y servicios. En el contexto de una operación de A+B, la producción es la función directiva de convertir los artículos alimenticios comprados en distintos estados en artículos de menú que son servido a los clientes.

En los establecimientos actuales, la producción no es considerada simplemente como la tarea de cocinar los productos en la cocina, sino que implica la planificación, control de ingredientes, métodos de producción, calidad de los alimentos, productividad de la mano de obra y consumo de energía.

Decisiones de producción

La planificación implica el establecimiento de objetivos por parte de la alta dirección, y el desarrollo de políticas y procedimientos por parte de la dirección media. Finalmente se deben tomar decisiones en cuanto a la cantidad necesaria a producir y los estándares de calidad que deben ser mantenidos dentro de las limitaciones de costo. Por consiguiente, la predicción planificación de una producción total y la programación de la producción son elementos importantes en la toma de decisión.

La planificación de la producción es una síntesis eficaz de los objetivos de cantidad, calidad y costo. El objetivo del subsistema de producción es transformar los recursos humanos, materiales, de instalaciones, y operativos en producto. Los objetivos secundarios deben recoger los siguientes:

- Características del producto/servicio.
- Características del proceso.
- Calidad del producto/servicio.
- Eficiencia en el:
  Control de costo de la mano de obra
  Control de costo de las materias primas
  Control de costo en la utilización de la instalación
- Servicio al cliente
  Producción de las cantidades necesarias para satisfacer la demanda
  Cumplir con las fechas de entrega para los productos y servicios

Predicción de la producción

La *predicción* es el arte y la ciencia de estimar sucesos en el futuro y proporciona una base para la toma de decisiones y la planificación. El arte de la predicción es la intuición del que hace la predicción y la ciencia es el uso de los datos del pasado en un modelo probado. La predicción requiere de ambas partes, y es descrita como una función de producción y constituye la base para el aprovisionamiento.

Los *defectos de producción* pueden incrementar el costo tanto como los excesos. Los clientes estarán insatisfechos si un artículo del menú no está disponible, y si tienen dificultad para hacer otra elección. Más aún, los defectos de producción, pueden implicar costos adicionales de mano de obra y a menudo la sustitución por un artículo de mayor precio, ya que normalmente se suele tratar de contentar al cliente subsanando el fallo con un producto de mejor calidad lo cual daña la cuenta de pérdidas y ganancias.

Los registros históricos de la unidad de producción proporcionan una base fundamental para prever las cantidades cuando se repite un mismo artículo, o un mismo menú. Estos informes deben ser correlacionados con aquellos que mantiene el departamento de compras en relación a las materias primas necesarias.

Programa de producción

El programa de producción constituye un instrumento de control fundamental para el subsistema de producción ya que activa el menú y proporciona una prueba de la exactitud de las previsiones. Para hacer un plan de acción específico se debe incluir la siguiente información:

- Asignación de empleados
- Tiempo de preparación programado
- Artículo del menú

- Excesos y defectos de producción
- Cantidad a preparar
- Sustituciones
- Producción real
- Asignaciones adicionales
- Instrucciones especiales y comentarios
- Trabajos previos a la preparación

Características de la distribución de la cocina.

El diseño de la distribución de la cocina de un establecimiento hotelero depende en gran medida de:

a) Los tipos de menús que se desprende o se proyecta ofrecer.
b) Las facilidades y comodidades de trabajo para el personal.
c) Las características de los alimentos a elaborar:
   - Congelados
   - Porcionados
   - Frescos, Etc.
d) Las características del terreno para el emplazamiento previsto.
e) La orientación de las instalaciones con respecto a las brisas diurnas predominantes en el país, así como la ubicación de las áreas o locales que produzcan olores fuertes o humos.
f) El puntal libre fluctuará entre 2,7m hasta 4,2m, y la solución volumétrica permitirá el crecimiento perspectivo de la instalación.
g) Las cocinas son centros de producción inocua, que se protegerán de emanaciones nocivas o agresivas de industrias cercanas.
h) Se garantizará la no-penetración solar de forma directa en locales de trabajo.
i) Deberá evitarse la incidencia de los rayos del sol sobre las paredes de cámaras frías, o sobre los equipos de refrigeración.
j) La iluminación general será fluorescente y la suplementaria, incandescente.
k) Se distribuirán las luminarias cuidando no se produzcan conos de sombra sobre los planos de trabajo.
l) La altura de montaje de las luminarias será menor de 4,8m.
m) En las cámaras frías se utilizará luz incandescente a prueba de humedad y temperatura, y en las campanas luces incandescentes a prueba de vapor, calor y protegidas contra golpes.
n) El puntal mínimo recomendado en las zonas calientes es de 3,6m.
o) El sistema de ventilación artificial se diseña independientemente de la solución adoptada para la ventilación natural.
p) La velocidad de propulsión del aire en las zonas de trabajo no será nunca mayor de 100 m/minutos.
q) El fenestraje no permitirá que se produzcan corrientes de aire que provoquen la dispersión de los humos de la cocción hacia otras áreas del edificio.
r) Las cámaras de extracción se proveerán de filtros y recolectores de vapor de agua condensada, así como de grasas.
s) El ancho de las puertas debe ser:

Preparación: entre 0,9 a 1,2 metros

Cocción: mayor o iguales

Servicios y fregaderos: mayor o iguales a 0,9 metros

t) Entre el área de preparación y cocción se considerarán sólo los vanos sin hojas de puerta, y el área de cocción solamente habrá hojas en las puertas que dan hacia los locales de entrega de alimentos.

u) Los pisos deberán ser rígidos, lisos, resistentes, lavables, antirresbalables, antiácidos, antiabrazante.

v) No se permitirá la solución de saltillos o escalones para los desniveles entre los pisos de los diversos locales y espacios interiores de la instalación, se deberán solucionar con rampas para evitar dificultades y accidentes de transporte interno.

w) En las zonas de fregaderos, marmitas y otras, el piso será deprimido con solución de evacuación de las aguas.

x) Los techos serán: planos, resistentes, lavables, lisos, con pintura hidrófuga y de color blanco, por lo que no se permitirá el uso de falso techo ni elementos estructurales susceptibles de acumulación de polvo.

y) Los ángulos de las columnas, bordes de muro o pared y vanos se protegerán contra impactos en las zonas de tránsito del transporte interno, y en todas las áreas o locales donde no se especifique la aplicación de zócalos sanitarios, se aplicará pintura resistente a la humedad que facilite la limpieza sistemática de colores verde claro, azul claro, amarillo claro o blanco, hasta una altura de 1,8m.

z) En la zona de cocción las paredes del área de equipos calientes se protegerán con chapas metálicas fijas al muro hasta una altura de 1,8m y la separación entre las áreas de preparación especializada será por tabiques de 1,6m con cristal a partir de los 1,1m.

Otras consideraciones importantes son:

1. El área de cocina debe constar con un espacio para guardar los diversos alimentos perecederos, un área como despensa de artículos no perecederos, un área para la oficina del jefe de cocina.

2. Las cocinas deben situarse al lado de la zona de servicio, próximas al almacén y con tres zonas bien delimitadas como son el fregadero, el área fría y el área caliente, facilitándose la salida rápida de los platos y el tránsito sin obstáculos de los productos y el personal, con un aprovechamiento excelente de instalaciones, horarios y personal.

3. Los sistemas de ventilación se diseñan independiente de la solución adoptada para la ventilación natural y debe garantizar el número de cambios por hora necesarios y el fenestraje.

4. Las áreas que produzcan olores fuertes se colocarán al sotavento.

5. La solución volumétrica debe permitir el crecimiento de las áreas de servicios.

6. Emplazamiento en territorio alto, seco. Combinar propiedades filtrantes, no inundables.

Evolución de la cocina

La cocina del mañana: la cocina combinada y la cocina terminal.

La cocina combinada utilizará productos pre-elaborados procedentes de la industria (a punto de cocer, calentar, decorar o productos bases.

La cocina terminal utilizará productos a puntos de decorar y servir.

Nuevos tipos de equipamientos

- Nueva organización del trabajo en la cocina.
- Más decoración al servicio y atención al cliente, que no a la elaboración de la comida.
- Programación de secuencia de cocción repetitivas para juntar la cocción a la distribución.
- En algunos tipos de establecimientos, desaparición paulatina de las cocciones lentas y utilización de productos pre-cocinados.
- Probablemente las cocciones instantáneas los efectúe el personal de servicio.
- Nuevas tecnología: hornos de convección, hornos mixtos, hornos de vapor, placas de inducción, quemadores secuenciales.
- Nuevos métodos de cocción: al vapor y al vacío.

Cocina al vacío

Fases: Sellado, Horneado, Refrigerado
Ventajas

1. No hay pérdidas de agua.
2. No tiene contacto el producto con el aire, por lo tanto se evitan los procesos de oxidación del mismo.
3. El alimento se cocina en su propio líquido, por lo tanto las grasas se reducen a la mitad.
4. Ahorro de energía (hornos de vapor)
5. El producto puede permanecer almacenado en refrigeración ya elaborado hasta 3 semanas. El óptimo es 1 semana.
6. El área de cocción en los establecimientos de ventas se puede reducir a 1/3 y el personal se reduce a ½.

Desventajas:

1. No puede eliminar las bacterias que no necesitan oxígeno para desarrollarse y aguantan altas temperaturas.
2. Hay que obligatoriamente usar hornos de vapor en su tecnología para mantener invariable el rango de temperatura, así como una adecuada humedad.
3. Se pierde parte del contacto artístico de la cocina al ser producciones masivas en centros de elaboración.

Hornos de convección

Es actualmente el más popular, se diferencia de los convencionales de inducción o radiación en que su ventilador de alta velocidad, proporciona una cocción más rápida y uniforme con mejoras en la eficiencia temperatura/cocción.

Ventajas

1. Permite el uso más eficiente de la fuerza de trabajo.
2. Mejora la eficiencia en cuanto a espacio.
3. Es menor el costo por pie cuadrado de espacio y en gasto de energía.
4. Mejor consistencia de cocción en todas las horneadas.
5. Requiere poca supervisión durante el proceso de cocción.
6. Irradian poco calor al exterior.
7. Están previstos de controles separados para el aire caliente y el vapor caliente, para cocinar productos con la humedad relativa y la temperatura precisa, obteniéndose mejor transferencia de calor hacia el producto y reduce las mermas.
8. Versatilidad: variedad de funciones de 3 a 7 diferentes

Desventajas

1. Mayor costo inicial que los convencionales.

Hornos microondas
Llevan varios años de uso y se han popularizado en grandes y pequeñas instalaciones gastronómicas, por su alta versatilidad tanto para la cocción como para la descongelación.

Ventajas

1. Reducen grandemente los tiempos de cocción, precalentamiento y recalentamiento.
2. Permite descongelar rápidamente los productos.
3. Se puede pasar un producto de congelación a cocción directa.
4. Se puede coccionar el producto en el mismo recipiente en el que se va a servir.
5. El adiestramiento para su uso es mínimo.
6. Necesitan poca supervisión.
7. Pueden utilizarse casi todos los utensilios.
8. Consumen menos condimentos.
9. Menor consumo de energía relativa por su corto tiempo de cocción.

Desventajas

1. No se pude utilizar mucha grasa.
2. No se pueden usar recipientes metálicos.
3. No se pueden utilizar conservas selladas.
4. No se puede cocinar huevos en su cáscara.

Funcionamiento:

Emisión de ondas electromagnéticas a alta frecuencia y ultra baja longitud de onda, polarizando las moléculas de los alimentos, entran en resonancia y crean una alta fricción incrementando el calor en el interior del producto cocinándolo de adentro hacia fuera.

Surgeladores

Equipos de congelación que consisten en bajar la temperatura bruscamente a - 40 ^{0}C y luego mantenerla en – 18 ^{0}C.

Ventajas

1. Evita la formación de cristales de hielo en el interior del producto.
2. Permite mantener las características organolépticas y nutritivas del producto intactas cuando se descongela.
3. El producto no se quema exteriormente por el frío, por lo tanto puede mantenerse más tiempo en congelación.

Desventajas

1. Uso de un fluido refrigerante especial de alta temperatura de ebullición.
2. Alto costo inicial del equipamiento.
3. Mayor complejidad en su mantenimiento.

Características

Usa un ventilador que crea una gran corriente de aire en el interior del equipo, que le permite extraer rápidamente el calor del producto.

Tendencias actuales de la gastronomía

1. En el producto
2. En la oferta
3. En el servicio
4. En la informática
5. En el equipamiento
6. En la promoción

En el producto

- Bufets modulares móviles y los de quinta generación
- Restaurantes temáticos y especializados
- Fast-food
- Coffee-shop
- Snack-bar

- Lobby-bar
- Agua-bar
- Bar-dancing
- Restaurantes espectáculos, cabarets y centros nocturnos.

En el servicio

- Rapidez
- Anticipación
- Personalizado
- Especialización
- Uso del detalle

Esto se logra:

- Formación profesional
- Plantillas multifuncionales/polivalentes
- Motivación y participación creativa de personal
- Comportamiento y presencia personal
- Alta calidad
- Gestión de ventas y relaciones públicas

En la oferta

- Creatividad y decoración
- Uso de la nueva cocina
- Cocina dietética
- Cocina macrobiótica

En el equipamiento

- Hornos de inducción
- Hornos de convección
- Hornos de vapor
- Hornos microondas
- Cocina al vacío
- Surgelación

En la informática

- Terminal puntos de ventas
- Terminal portátil
- Fechas de elaboración tecnológica y de costos
- Estadísticas, probabilidades y pronósticos

- Planificación y control
- Ingeniería de producto y precio, matriz Miller, matriz costo/margen

En la promoción

- Premios a clientes asiduos
- Club de clientes
- Tácticas gorilas y segmentación oferta/mercado

Capítulo 11: Tipos de servicios.

Servicios de alimentos y bebidas.

El servicio de alimentos y bebidas es la culminación de los procesos de planificación y producción. Se centra en el cliente, más específicamente, en proporcionar una experiencia agradable al cliente. El servicio de alimentos y bebidas es una materia compleja, que engloba una amplia gama de características, actividades y procedimientos. Las características incluyen cosas tales como el tipo y el tamaño del establecimiento, el tipo de servicio que ofrece, y el ambiente o la atmósfera. Las actividades incluyen transferir productos de alimentos y bebidas del personal de producción al personal de servicio, servir a los clientes, limpiar las mesas, etc. los procedimientos para llevar a cabo cada actividad deberían ser estandarizados de tal manera que las expectativas de los clientes puedan ser alcanzadas o excedidas una y otra vez.

El personal del servicio es clave. El personal de servicio representa al establecimiento frente a los clientes. Interactúan más frecuentemente con los clientes que cualquier otro empleado, de tal manera que la responsabilidad de proporcionar una experiencia agradable al cliente descansa en gran parte sobre ellos. La reputación de un establecimiento y su éxito financiero depende, de diversas maneras, en su personal de servicio.

Existen muchos planteamientos diferentes para servir alimentos. Un establecimiento debería utilizar el estilo de servicio, o la combinación de estilos de servicios, que mejor cumpliera con los deseos y necesidades del cliente.

Servicio de mesa.

El servicio tradicional de mesa proporciona un servicio a clientes que están sentados en una mesa. El personal de servicio lleva los alimentos y bebidas a los clientes. El personal de servicio es responsable de desbarasar y volver a montar las mesas. Existen cuatro estilos comunes de servicio de mesa: Americano; Inglés, Francés y Ruso.

A la Americana: un servicio a la americana tiene muchas variaciones, pero normalmente tienen los siguientes pasos en común: (1) el personal de servicio toma la comanda del cliente después de que hayan sentado; (2) se dan las comandas a cocina en donde la comida es preparada y emplatadas las porciones, (3) los platos se llevan a la mesa, por el personal de servicio, y se presentan a los clientes.

Una de las ventajas de este sistema es que el nivel de calidad descansa fundamentalmente en el jefe de cocina. La política de muchos establecimientos es la de que el jefe de cocina tiene la responsabilidad única de la calidad de la comida en la cocina así como de la presentación y calidad en las áreas del comedor. Un servicio a la americana se acomoda fácilmente a la política de que los empleados de producción debe preparar y emplatar los productos totalmente, bajo la dirección del jefe de cocina. Una segunda ventaja del servicio a la americana es que la presentación de la comida es consistente porque el jefe de cocina y uno o más empleados de producción controlan el emplatado de los alimentos. Otra ventaja más del servicio a la americana es que es rápido. Si bien no es nunca adecuado apurar a los clientes, aquellos que desean un servicio rápido en comedor es más probable que utilicen este servicio antes que cualquier otro. El servicio a la americana tampoco requiere personal de servicio con tanta experiencia y entrenamiento o con tantas habilidades como requieren otros estilos de servicio. Finalmente, este estilo de servicio tiene bajos costos de equipamiento en la medida en que no necesita carritos de servicio, u otro elemento de equipo que resulte costoso y solamente la bandeja se utiliza para traer el servicio de platos de la cocina hasta el punto donde se encuentra un aparador o tijera en el salón, si la distancia es larga o si son muchos los platos a servir en una mesa de una sola vez.

A la Inglesa: el servicio a la inglesa o familiar es, para muchos clientes, como comer en casa. Ya que las cantidades de alimentos se ponen en bandejas en la mesa, desde las que se servirán los comensales las cantidades que ellos deseen.

Este servicio es bastante fácil de implementar, en cuanto que los empleados de servicio no necesitan estar altamente calificados. De hecho, generalmente ponen más esfuerzo en limpiar las mesas que en presentar los alimentos. Las ventajas son obvias: escaso equipo especial para servir (excepto las bandejas de servir), el tiempo de servicio y la rotación de las mesas puede ser muy rápida.

Una posible desventaja del servicio a la inglesa es la dificultad para implementar procedimientos de control de las porciones.

A la Francesa: el servicio a la francesa se utilizan en aquellos restaurantes que quieren lograr una atmósfera sofisticada y elegante, siendo normalmente establecimientos de un alto nivel de precios. Una característica del servicio a la francesa es que muchos de los artículos son preparados parcial o totalmente al lado de la mesa del cliente. Pueden que los alimentos sean llevados a la mesa, para la preparación, en un carrito (gueridón) con algún tipo de unidad de calor (rechaud). Quizá los postres flambeados sean los artículos más populares que son preparados de esta manera. El servicio a la francesa requiere empleados experimentados. Algunos establecimientos utilizan el servicio a la francesa en combinación con el servicio a la americana, sirviendo normalmente según este último, pero preparando ciertas especialidades de acuerdo al estilo francés.

Además de costos por el espacio extra, se incurre en mayores costos de capital debido a la gran cantidad de equipo de servicio y preparación requerido. Normalmente, la vajilla utilizada para este servicio es muy elegante; a menudo se utilizan piezas para servir, como bandejas, con gran ornamentación y de alto costo. Los costos operativos también son mayores, ya que se requiere un gran número de personas para servir a pocos clientes, la rotación de las mesas es mucho menor que la de otros estilos de servicio. De ahí que para generar suficientes ingresos para cubrir los costos de mano de obra y demás, los precios en estos establecimientos deben reflejar tales costos.

A la Rusa: el servicio a la rusa o servicio de bandeja es otro estilo de servicio básico. Es muy utilizado en banquetes. Cuando se ofrece este servicio, los empleados de producción preparan y porcionan los alimentos en cocina. Posteriormente los disponen de manera atractiva en las bandejas de servicio, las cuales serán llevadas al comedor por el personal de servicio. Generalmente los empleados de servicio utilizan un planteamiento de equipo; uno de ellos lleva el plato principal y el segundo lleva las guarniciones. Cuando se trata de banquetes normalmente esperan en la cocina, y cuando todos están listos hacen una vistosa entrada en el comedor. Después de presentar los alimentos a los clientes, sirven las porciones en el plato del cliente, el cual en algunos casos se ha mantenido caliente. La bandeja se mantiene sobre la mano izquierda mientras se sirve la comida en el plato del cliente con la mano derecha. Los empleados del servicio tienen la obligación de mantener atractiva la bandeja hasta que el último cliente es servido. Se sirve desde la izquierda del cliente.

El servicio a la rusa puede ser tan elegante como el servicio tradicional a la francesa, pero es mucho más práctico porque es más rápido y menos caro. El servicio a la rusa puede proporcionar un toque especial y todavía permite a la dirección controlar los costos de mano de obra y de producto.

Servicio de buffet.

En los establecimientos que ofrecen buffet, los alimentos son dispuestos en mesas o mostradores y los clientes se sirven tantos artículos como deseen consumir. Algunos bufets ofrecen a sus clientes productos que son cortados a medida que los clientes solicitan una porción, como el caso de jamones, patas asadas, etc.. Otros artículos como tortillas o crepes se piden al cocinero que se encuentra en la línea del buffet por solicitud del cliente. Un buffet puede ir desde el simple ofrecimiento de varios artículos a elaboradas presentaciones.

Normalmente los bufets son utilizados cuando los establecimientos tienen que dar servicio a un gran número de clientes en un período relativamente corto de tiempo. Además, un buffet permite al cliente servirse los alimentos a su conveniencia y en las cantidades que deseen.

La planificación de la disposición del buffet requiere una atención especial sobre el número de cliente que se espera, el tamaño y la forma del comedor y la cantidad de tiempo disponible para el servicio. Como regla básica algunos directivos sugieren que 75 clientes es el mínimo de una línea de buffet. Además, a la hora de planificar el buffet, se deben considerar otras dificultades potenciales. Por ejemplo, el costo global de un servicio de buffet puede ser alto. El adecuado equipo de servicio, que es normalmente bastante caro, debe estar disponible en las cantidades adecuadas para que el servicio fluya suavemente.

El servicio de buffet requiere un sistema que mantenga la limpieza y el orden. El personal de servicio debe mantenerse constantemente llenas las bandejas, debe acudir rápidamente cuando se produzcan caídas o manchas de alimentos tanto en la línea de buffet como en el comedor, deben atender adecuadamente las mesas del comedor y deberán retirar el menaje sucio del comedor.

Servicio de cafetería.

En la mayoría de las cafeterías, los clientes avanzan a través de líneas de servicio, seleccionando los artículos al mismo tiempo. Los artículos más caros o los más difíciles de servir son normalmente servidos por el personal del establecimiento. Sin embargo, en algunos establecimientos el servicio de cafetería es similar al de buffet, los clientes se sirven de los distintos centros. Tradicionalmente, las cafeterías han requerido a los clientes que entraran en el área de servicio, que se movieran a lo largo de un mostrador en línea, y que pagaran sus comidas al final del mostrador o a la salida del mostrador. Actualmente se utilizan alternativas como el "scramble service", en el cual los clientes entran en la cafetería y no tienen porque seguir unos detrás de otros en filas, sino que puedan ir a estaciones de servicios separadas que muestran distintos tipos de alimentos. Por ejemplo, podría haber un mostrador de ensaladas, otro de sopas, un área de sándwich calientes y fríos, un centro para los platos principales, otro de bebidas y un último de postres, lo cual reducirá ese sentimiento de estar esperando unos detrás de otros.

Tipos de instalaciones que ofertan el servicio de alimentos y bebidas dentro de un hotel.

Los servicios de alimentos y bebidas más comunes que pueden existir dentro de un hotel son: cafetería, snack bar, restaurante internacional, restaurantes especializado, restaurante buffet, room servi, banquetes, bares (lobby y piscina), cabaret y discotecas.

Esta división se basa en el tipo y modo en que se combinan los elementos que configuran el producto de restaurante entre los cuales tenemos: menú, servicio y administración, todos en función de las diversas necesidades que se desean satisfacer en nuestra clientela.

La cafetería: presta principalmente el servicio de desayuno y como su nombre lo indica el servicio de sala de infusiones y meriendas con un lunch para el mediodía, donde se ofrece un servicio informal, rápido y de una cierta calidad contando con un menú sencillo para las diferentes horas de servicio. Se debe contar con una correcta distribución de las áreas de servicio, así como una adecuada asignación de funciones para lograr un servicio rápido dentro de un ambiente alegre e informal, con espacios amplios y colores fuertes y contrastante. El servicio de cocina fría y caliente debe ser con la modalidad de servicio al plato lo cual permite una mayor agilización de este servicio. El servicio debe ser del tipo Self-Service o muy informal en el caso de que venga realizado con un personal especializado en este tipo de trabajo.

El Snack Bar: es un servicio que se brinda generalmente en torno a la piscina y playas o zonas recreativas de las instalaciones hoteleras, con el objetivo de dar el servicio de alimentos en las horas del lunch y entre las horas de las comidas formales, con un menú constante limitado y compuesto de platillos sencillos en donde el servicio de bebidas tiene una gran importancia.

El Room Service: es el servicio de alimentos a las habitaciones que se pueden brindar a los huéspedes siempre y cuando la categoría y distribución del hotel lo permita. Este servicio debe contar con un personal fijo ya que para desarrollar sus funciones requiere de amplios tiempos de recorrido y que generalmente dan servicio a todas horas del día, requiere además de instalaciones y equipos especializados en esta actividad. Normalmente el mayor movimiento del servicio a las habitaciones se realiza en los horarios de desayuno, por lo que es conveniente unirlo a la cocina de la cafetería si no se cuenta con su propia cocina.

El menú deberá ser limitado a platillos que no sufran alteraciones ni deterioros en su calidad por los tiempos de transportación, y el menú debe estar colocado en cada habitación para que el cliente pueda libremente ordenar por teléfono. Este servicio tiene que tener una gran atención en la presentación de los platillos y del carro de servicio así como una elegancia del personal que lleva la orden al cliente, ya que este está haciendo uso de un servicio especialmente particularizado por el cual está dispuesto a pagar.

El Restaurante Internacional: tiene un servicio de gran importancia, por lo que se debe prestar una especial atención a la clientela que desea recibir un servicio de calidad, elegante y formal. El ambiente elegante y sobrio le permitirá pasar a la clientela el tiempo necesario que se requiere para este tipo de menú. Este tipo de restaurante tiene una rotación en las mesas muy escasa, un menú muy amplio de una gran oferta con especialidades del chef o de la región, con lo cual se elimina tener que constar con un restaurante típico y se utiliza indistintamente los servicios a la francesa, a la rusa o a la americana, así como el servicio del buffet bajo ciertas condiciones muy particulares. Este tipo de restaurante requiere de un personal altamente calificado, ya que algunos casos deben terminar la cocción o preparación de los platillos en la sala, las dimensiones del salón deben ser grandes y la capacidad de comensales son normalmente superior a 60 personas.

El Restaurante Especializado: puede ser considerado como una variante del restaurante internacional en cuanto al tipo de servicio que deberá mantenerse, pero el menú se basa exclusivamente sobre una especialidad. El ambiente deberá ir de acuerdo a la especialidad del restaurante para reforzar y poder crear una imagen propia, esta ambientación podrá ser formal e informal de acuerdo a la especialidad de la unidad, las dimensiones del salón no son muy grandes y la capacidad de comensales no debe sobrepasar las 40 personas.

Secuencia de servicio

La secuencia podría ser la siguiente:

- Recibir a los clientes y acomodarlos en su mesa.
- Ofrecer cócteles, aperitivos, etc.
- Presentar la carta y tomar comanda de aperitivos
- Servir aperitivos y presentar la carta de vinos
- Tomar la comanda
- Marchar la comanda a la cocina
- Marchar comanda de vinos
- Pasar pan y mantequilla

- Servir agua y vino
- Retirar aperitivos
- Marcar la mesa, colocar lo cubiertos que el clienta va a utilizar durante la comida
- Servir los entrantes
- Repasar agua, vino y pan, si no se va a disponer del personal necesario para esta actividad sería mejor dejar la botella de vino en la mesa, antes que el cliente tenga que esperar demasiado para ser servido.
- Desbarasar los entrantes, retirar el menaje y cubertería sucio de los entrantes.
- Marcar el plato principal
- Servir plato principal
- Retirar plato principal
- Presentar carta de postres
- Tomar comanda de postres
- Marchar la comanda de postres
- Marcar postres
- Servir postres
- Sugerir café y licores
- Presentar carta
- Marchar o preparar café y licores
- Servir café y licores
- Presentar factura
- Cobrar factura

La secuencia presentada es una guía general, en muchos servicios no se aplican ni la mitad de los pasos, y en otros se deberían incluir todavía más. Sin embargo, lo que debe tenerse en cuenta es que exceder las expectativas del cliente es a menudo tarea específica de cada operación y sus camareros. Éstos pueden hacer mucho por proporcionar una experiencia agradable al cliente poniéndose en la posición del cliente y pensando cómo les gustaría ser tratados si fueran clientes.

Resumen de las tendencias generales del servicio de alimentos y bebidas

- Rechazo de los alimentos muy elaborados.
- Cocina de mercado.
- Cartas pequeñas
- Más elaboración del menú
- Control sobre los azúcares y grasas.
- Mayor consumo de productos crudos y frescos, productos naturales.
- Retorno a las cocinas regionales y tradicionales de los países.
- Presencia y cromatismo (teoría de colores).
- Micro-productos diferenciado.
- Incremento del uso de tecnologías novedosas.
- Conocimiento de los hábitos alimentarios de los clientes (principales países emisores de turismo hacia un país).

Como impulsan la restauración las entidades de éxito:

- Realizan grandes esfuerzos por la calidad de las materias primas, buscan métodos eficaces para encontrar una buena relación calidad/precio.
- Vuelven las comidas sencillas, simples y naturales.
- Revalorizan la cocina regional y dietética.
- Se preocupan por servir las comidas en las mejores condiciones de temperatura (las frías, frías y las calientes, calientes).
- Conceden gran importancia a la presentación y decoración de las comidas dentro de la mayor sencillez.
- Dan abundante información al cliente sobre las comidas que le ofrecen.
- Invierten mucho en decoración y ambientación de los locales.
- Reducen el servicio pero aumentan la eficiencia.
- Se preocupan mucho por la *extensión* del producto restauración.
- Intentan conseguir que la restauración sea un valor importante del producto global.
- Conocen los hábitos y sus costumbres culinarias de los clientes que lo visitan.
- Emplean personal de alta profesionalidad desde la recepción del producto hasta su servicio al cliente que los consume.
- La calidad basada en la satisfacción del cliente y en los criterios de sus empleadores está por encima del costo.

Según un análisis realizado al informe de la National Restaurant Association de los Estados Unidos y de otras publicaciones hemos sacado los siguientes aspectos como las principales tendencias del mundo gastronómico de hoy las siguientes:
- Gestión de restaurantes controlados por ordenadores.
- Dosificadores de alta tecnología para evitar el derroche de bebidas.
- Pedidos del menú vía Internet.
- Auge de la comida para llevar en lugar de la elaborada en casa.
- Más énfasis en la mejora de las presentaciones de los platos.
- Micro cervecerías con la elaboración in situ de las cervezas que se sirven en los restaurantes.
- Preparación de comidas de alto rendimiento económico, con atención especial a guarniciones de alta calidad y bajos precios.
- Aumento de las ofertas de tabacos para fumar después de comidas.
- Fuerte competencia entre restaurantes que obligan a los empresarios a ofrecer calidad en un mínimo tiempo y con el menor costo posible.
- Fuerte interés de la gerencia hacia nuevas ideas de servicio con ofertas cada vez más creativas.
- El empleo en la carta menú de secciones especiales para las especialidades del país o región dentro de una carta internacional.
- Mayor desarrollo en técnicas de administración y dirección en los chefs de cocina en las instalaciones de restauración.
- Mayor posibilidad de intercambio de experiencia entre chefs y maîtres como instrumento de superación y método para medir los resultados de la eficiencia del trabajo y la calidad en la satisfacción de las expectativas de los clientes.
- Comercializar la cocina regional en los mercados internacionales para garantizar la estabilidad de la demanda de los platos propios de un país o zona, de forma tal que permitan sobrepasar la demanda de los platos más populares de la comida internacional.

✓ Actualización continua de un banco de datos de los hábitos alimentarios de los clientes que visitan, con una estadística fiable a través del uso de tablas y modelos matemáticos aprovechando el uso de las computadoras.

✓ La calidad es la base de una rentabilidad estable y no la reducción de los costos, ya que lo que permite vender más y que los clientes paguen más es la garantía y exigencia constante por parte de la gerencia de los estándares de calidad fijados para satisfacer las expectativas del cliente.

✓ Trabajar por la eficiencia de los costos desde la actividad de compra, la correcta rotación en los almacenes de los productos y artículos, el buen aprovechamiento y manipulación de estos y el empleo adecuado de todas las recetas en la elaboración de los alimentos en la cocina.

✓ El uso de la comida natural y afrodisiaca con las elaboraciones basadas en ostras, pescados, mariscos, frutas y vegetales con condimentos naturales que mezclan el aroma del mar con el colorido de la naturaleza, en recetas tradicionales que permiten disfrutar una experiencia única, acompañada de una presentación refinada y elegante.

Capítulo 12: La carta menú como herramienta del marketing

Planificación de una carta.

La planificación es la previsión de las acciones necesarias entre el inicio y terminación de la carta, así como la organización de su realización.

Factores que influyen en la planificación de la carta

I- Alimenticio nutriente.
II-Gastronómico.
III-   Marketing.
IV-   Sociológico.
V-Comercial.
VI-   Informático.

I- ALIMENTICIO NUTRIENTE.

Los hábitos alimenticios han cambiado y están evolucionando constantemente, no solo como norma sociológica sino también porque la medicina interviene más asiduamente en la alimentación, educando desde el punto de vista de la nutrición a la sociedad, lo cual repercute en los hábitos alimenticios.

Las tendencias actuales van encaminadas a los siguientes puntos:

- Utilización de menús equilibrados fisiológicamente
- Empleo de menos grasas
- Búsquedas del equilibrio proteico
- Análisis de las calorías
- Previsión en las comidas de:

Minerales
Vitaminas
- Compensación entre:
Hidratos de carbono
Proteínas
Grasas
- Empleo de cereales y fibra vegetal
- Mayor calidad en la comida
- Menores porciones
- Más variedad de alimentos dentro del mismo menú
- Aplicación de nuevos productos:
Brotes de soja
Algas, etc.
- Comidas macrobióticas-dietéticas.

II- GASTRONÓMICOS

- No poner expresiones o denominaciones similares.
- Evitar adornos y decoraciones iguales en más de un plato.
- No repetir guarniciones.
- Ofertar especialidades culinarias con categoría.
- Facilitar información sobre los platos en la misma carta.
- Tener la suficiente y necesaria variación de productos y recetas.
- Establecer una buena división de grupos.
- Determinar los grupos en función del orden de los platos dentro de la propia comida.
- Eliminar platos demasiado costosos y lentos en su elaboración.
- Reservar un espacio dentro de la carta para las especialidades: Por temporada o por fluctuaciones del precio en el mercado.

III- MARKETING

- Analizar la gama de necesidades del mercado a satisfacer.
- Estudiar el tipo de clientela potencial.
- Mediante la carta se pretende dar la imagen del restaurante.
- Seguimiento de los cambios de gustos y apetencias, así como del cliente en particular.
- Satisfacer la necesidad: Calidad/Cantidad/Precio.
- Vigilar y establecer los controles necesarios para la consecución de la calidad deseada, preparando para ello a todos y cada uno de los componentes de la plantilla.
- Realizar un análisis previo de la competencia que comprenda todos los aspectos relacionados con el tipo de servicio que se desea realizar en un futuro.
- Crear una mentalidad abierta a posibles cambios y adaptaciones a las nuevas tendencias en todos los empleados de la empresa, sea cual fuere su categoría y funciones.

IV-SOCIOLÓGICO

- Buscar platos de fácil preparación y asimilación.
- Preocuparse por el servicio en cuanto a: Rapidez, Funcionalidad, Calidad.
- Por ello, se planificarán los platos y elaboraciones más idóneos.
- Cuidar la atmósfera buscada de atención a la clientela.
- Controlar la secuencia con la que viene la clientela, a fin de evitar rotaciones de platos y menús, sobre todo, inadecuados.

V- COMERCIALES

- Formato de la carta que debe ser amplia, grande, pero de fácil manejo.
- Tipo de letra, el adecuado y legible para cualquier persona y de acuerdo con la intensidad de iluminación que tenga el comedor.
- Adecuar el lugar de los platos a los puntos en que más fácilmente centra la vista la mayoría de los clientes.
- Dar lugar preferente, dentro de la carta, a todos aquellos platos o elaboraciones que más interesa dar una salida rápida.
- Hay que prestar atención a la hora de elegir: tipo de papel, color (papel, letras, precios), estilo y tamaño de la letra.
- Efectuar correctamente la separación de los grupos de preparaciones.
- Separar la carta de platos de las de vinos y postres.
- Controlar el diseño final de la carta.

VI-INFORMÁTICO

- Análisis del índice de popularidad de los platos.
- Estudio de la demanda de la clientela.
- Control de los componentes de la carta.
- Clasificación de los componentes más idóneos en la planificación de la carta.
- El margen bruto de explotación.

Tácticas de merchandising del menú.

Son acciones que se toman para ayudar a hacer más fáciles y más efectivos los ajustes a los precios. Se denominan "gorilas" porque muchas de ellas no se utilizan popularmente ni se encuentran en los libros de textos. Tienen su origen en la "elegante escuela de la calle".

1. Tácticas Gestalf: Se basa en el principio que la suma del todo es mayor que las partes, por lo tanto hay que mirar el menú como un todo, ya que los clientes ven el menú como un conjunto amorfo. Son rápidos para clasificar y formarse opiniones en términos de ofertas e índices de precio.

Esta es la razón por la cual es importante que todos los renglones que tengan precios más altos, no sean ubicados en las áreas más visibles del menú. El "shock del menú" también se produce cuando a los renglones muy sensibles a los precios, se les fija precios por encima de los índices de precios populares del mercado. Estos renglones sirven como punto de referencia de los clientes.

La colocación en las partes más visibles aquello que queremos resaltar más en nuestra oferta., permitirán dar la impresión de un menú con índices de precios altos que parezcan como si fueran módicos sin serlo.

2. Tácticas de cierre: Se utiliza para llamar la atención del cliente sobre un plato o grupos de platos. Sus formas pueden ser muy variadas, y son producto de un fenómeno sociológico. Si el cierre se coloca alrededor de los renglones muy rentables y populares, los consumidores le dedicaran más tiempo a estos.

3. Tácticas de adjetivación: favorecen la lectura y la fijación del nombre de un plato en la mente del cliente. Hacen el nombre del plato más atractivo y agradable para lo que lee siempre que se usen adjetivos adecuados y sin que los mismos se repitan constantemente en el texto del menú.

4. Tácticas de primacía y regencia: cuando en una lista se ubican un número de productos los clientes se fijan más los dos primeros y los dos últimos platos que lee de un grupo, los productos que se sitúan en el medio parece como si se desaparecieran y se leen solo como un último recurso. En este sentido, los productos con altos márgenes de contribución, deben aparecer al principio o al final para que los mismos se posesionen en la mente de los clientes.

5. Tácticas de disloque: los productos no se colocan en línea unos detrás de otros, no hay que seguir un orden lógico en la presentación de los grupos de platos, se utiliza conjuntamente con la Gestalf y la de cierre para mejorar popularidad de grupos de platos que me representan mayor margen de ganancia.

6. Tácticas de ceguera de precios: se conoce también como fijación de precios desordenados, y se basa en la colocación del precio inmediatamente y a continuación de la descripción o nombre del producto, con el mismo tamaño de letra, sin usar "puntos lideres".

7. Tácticas de fijación de precios par-impar: por alguna razón inexplicable, las personas reaccionan favorablemente hacia los precios que terminan en números impares, en vez de números pares o 0. Una vez que los índices de precios en dinero están cruzados, comienza la resistencia a los precios. Utilizar precios terminados en 5 ó 9 preferentemente como impares y no los terminados en 0 ó número par permite obtener ingresos extras con ligeros aumentos o rebajas de precios, con poca o ninguna resistencia. Se debe romper la barrera del 0.

8. Táctica de fijación de precios hasta el centavo: Existe resistencia al precio cuando los incrementos de dinero están cruzados. Cuando un operador encuentra que debe cargar por dinero de un incremento establecido de dinero, por algo que él ha vendido previamente por menos, el volumen puede verse afectado ya que los clientes puede ser que no estén dispuestos a pagar más

9. Táctica de líneas de precios: este sistema para la fijación de precios tiene varios niveles de precios, sin puntos intermedios. Todos los productos deben caer en una de las categorías de precios establecidas. Aunque este sistema tiene sus ventajas en muchas aplicaciones de ventas al por menor, su uso en restaurantes ha resultado poco atractivo y solo se está empleando para desayunos o meriendas donde, uno puede hacer una selección de un grupo de platos por un mismo precio.

10. Tácticas de ilusión de variedad: a menudo los menús con muchos productos se formulan en un tamaño pequeño, esto crea una ilusión de variedad limitada que puede convencer a los clientes de que la selección es restringida, por esto esta técnica se basa en la reducción de la gran carta a una parte cambiante de 3 a 5 platos todos los días, utilizando en un formato común espacio en blanco o no impreso (mínimo de un 50%), rompe la monotonía del menú y una parte fija de no más de 5 platos que son los característicos de la casa y los de mayor popularidad y/o margen de contribución (estrellas), (caballos de tiro o vacas), esto permitirá dirigir mejor la selección del cliente hacia los productos con márgenes de ganancia y popularidad deseados.

11. Tácticas de los espacios en blanco: favorece la lectura y la promoción de menú, se basa en la utilización de dibujos, fotografías o cualquier otro elemento decorativo para llamar la atención del cliente, en los espacios donde la vista pasa menos, también la ilusión de variedad en la oferta, uso de la tapa posterior y las contraportadas del menú para la publicidad de otras ofertas de la instalación.

12. Tácticas de colocación del menú: ubicar los menús en varias áreas de la instalación hotelera, lobby, habitaciones, elevadores y no sólo en el restaurante o en la entrada de las instalaciones gastronómicas, uso de láminas y fotografías en diferentes partes de las zonas de comida rápida sobre los platos o productos que se quieren comercializar.

El menú cíclico.

Los objetivos básicos que persigue la confección de un menú cíclico en un restaurante que atiende grupos de giras turísticas son:

1. La eliminación del caos
2. La eliminación de las crisis que afectan el trabajo administrativo
3. Garantizar la aceptabilidad, apeticibilidad y atractividad de los menús

Ventajas del menú cíclico

Se establece con suficiente antelación evitando que un menú determinado se repita un mismo día durante varias semanas; por lo tanto evita la MONOTONIA

➤ Efecto positivo en la preparación del menú, cuáles son los platos que deben incluirse, en qué lugar y con qué precio; por lo tanto ofrece una debida consideración al precio y a la carga de trabajo de los hombres y equipos, además de permitir una combinación balanceada desde el punto de vista nutricional.

- ➤ Efecto positivo en la planeación basándose en el número esperado y la cantidad que debe prepararse de cada plato.
- ➤ Efecto positivo en las compras permitiendo determinar con suficiente antelación las necesidades de determinados productos.
- ➤ Efecto positivo en la producción manteniendo un control estrecho y una buena administración con el uso de recetas estándares.
- ➤ Efecto positivo en el servicio ya que se vuelve más eficiente.
- ➤ Efecto positivo en el entrenamiento para el manejo de los alimentos que se ofertan.

Capítulo 13: La gerencia del costo en la restauración moderna

Conceptos fundamentales del costo:

En la esfera del servicio de alimentos el término control de costos ha venido a significar un control sobre todos los renglones de ingresos y gastos relacionados al funcionamiento de la unidad de servicio de alimentos.

La administración se ocupa de determinar metas o normas para los logros financieros, generalmente mediante un presupuesto planificado, de conocer que es lo que se está logrando, mediante un sistema de registros que proporciona información pertinente sobre las operaciones corrientes, elaborar la información mediante registros diarios, mensuales y anuales que componen las realizaciones actuales con las normas y por último, llevar a cabo las medidas correctas para lograr que las operaciones estén en armonía con metas fijadas.

Ello puede implicar un cambio en el menú, para incluir alimentos de más bajo o más alto costo, mayor supervisión o adiestramiento de empleados para prevenir pérdidas y proporcionar comidas de mayor calidad o mejorar comercialmente los alimentos para aumentar el volumen de ventas.

El costo es el valor de los recursos utilizados para alcanzar un objetivo específico y está formado por los costos fijos y los costos variables.

Los costos fijos unitarios no son los mismos para todas las unidades ya que los costos fijos totales son los mismos existan o no ventas, sin embargo el costo variable unitario si es constante por unidad, de aquí que digamos que el costo fijo por unidad es fijo para un período dado y con un nivel de aprovechamiento de la capacidad instalada determinado y, que se diga que el costo fijo es proporcional a los períodos o etapas dentro de la gestión de alimentos y bebidas.

En la restauración el costo variable posible a controlar eficientemente es el costo de los alimentos y su variación depende solamente de la variación en el precio y cantidad de las materias primas que se utilizan en la elaboración de un plato, de aquí que digamos que es el factor principal para la fijación del pastel de costo de un plato, al ser el gasto por tiempo-hombre y otros gastos generales como depreciación, energía, etc., casi constantes.

Pastel de porción de las ventas.

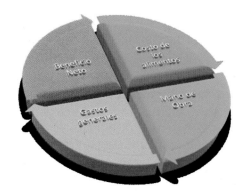

Costos de los alimentos	Entre el 25% y el 40%
Costo de la mano de obra	Entre el 20% y el 30%
Gastos generales	Entre el 15% y el 25%
Beneficio neto	Entre el 5% y el 20%

El Beneficio Bruto está entre el 60% y el 75%, excepto el de los costos de los alimentos.

Conjunto de las Ventas	% Sobre las Ventas Totales
Ventas de comidas preparadas	60 al 80
Ventas de bebidas	20 al 40
Otras ventas en el área de A y B	2 al 5

Gastos Generales

Alquileres e impuestos	20 al 50 % de los GG
Luz, climatización y refrigeración	3 al 8 % de los GG
Reparaciones y mantenimientos	5 al 10 % de los GG
Depreciaciones	3 al 8 % de los GG
Otros gastos varios	20 al 30 % de los GG

Factores que afectan el control de costos:

1. Costos de alimentos: (costo de la materia prima; [CV > 25%-45%]; Los alimentos se consideran como el renglón más grande de gastos factibles de controlar y el más fluctuante dentro de las operaciones de alimentos. Si el control de costos de alimentos ha de ser efectivo, se deben emplear métodos eficientes en la planificación de menús, recepción, almacenamiento, preparación y servicios de comidas.

   Si los costos de alimentos de alimentos han de controlarse, es esencial conocer el gasto diario de alimentos.

   A pesar de lo variable de las cantidades gastadas en alimentos, las cantidades gastadas en alimentos, las bases fundamentales del control de costos de alimentos son las mismas para todos los tipos de unidades del servicio de alimentos. El menú y el tipo de servicio ofrecido, la recepción, el almacenamiento, la elaboración de los alimentos y el costo de comida de los empleados determinan en gran parte la efectividad del control

(a) Menús: El planear los menús es el primer paso y tal vez el más importante en el control de los costos de alimentos. Los menús que ofrecen una selección variada requieren la preparación de muchas clases de alimentos, varios de los cuales puede que no se vendan en cantidades suficientes como para pagar por su preparación. Además, esto implicaría una mayor inversión en empresas y mano de obra. Los menús complicados que aparecían antiguamente, están desapareciendo rápidamente a favor de unas cuantas sugerencias bien planeadas, de comidas "Table d'hotel", mesa buffet o un servicio a la carta limitado. Este cambio se debe quizás a la demanda del público por una mejor combinación de alimentos.

(b) Tipo de servicio: El tipo de servicio que se ofrece puede ser un factor en la determinación de los costos de alimentos. Ej. de ello sucedió en la Empresa Occidental, donde muchos restaurantes de hoteles cambiaron el servicio a la carta en los desayunos y almuerzo, por mesa buffet o servicio mixto y mantenían el servicio a la carta en las comidas, baja tanto el costo de los alimentos como la mano de obra, además permite el uso más eficiente de los sobrantes.

(c) Recepción: Los costos de los alimentos comienzan desde la recepción de los mismos. El control rígido en la recepción de las especificaciones de calidad de cada alimento que se ha comprado y emitir un informe sobre la calidad de los alimentos recibidos son requisitos para el control de costo de este punto. Hay que conocer la importancia de la relación calidad - cantidad – precio y su vinculación con el control de costos de los elementos. Un alimento bueno no tiene que ser costoso, sin embargo, si la calidad de cualquier alimento es mala, resulta costosa porque no se produce un producto de acabado satisfactorio y por su bajo rendimiento en porciones aceptables.

(d) Almacenamiento: El almacenamiento de los alimentos, tanto crudos como cocinados es otra área donde los costos deben ser controlados. El registro más importante de las prácticas del buen almacenamiento, es el no almacenar más que lo esencial para satisfacer sus necesidades por un período de tiempo limitado. Los inventarios innecesariamente grandes sirven para aumentar el peligro de pérdida por deterioro, despilfarro, hurto o robo. Las áreas de conservación deberán tener la temperatura y humedad adecuadas para conservación óptima de los alimentos.

(e) Elaboración de los alimentos: La calidad del alimento recibido tiene relación directa con la cantidad de desperdicio en el proceso de preparación y cocción. Ej. las papas defectuosas, con puntos negros o reblandecimiento, pueden producir una porción comestible mucho menor que las papas firmes de buena calidad, las pérdidas en la preparación de alimentos, se deben generalmente a personal sin adiestrar, supervisión inadecuada o falta de equipo apropiado. Ej. las porciones de carnes arregladas sin cuidado o cortada por un empleado inexperto, un par de onzas adicionales de frutas en un relleno de un pastel, descuidar el control de las temperaturas de los hornos, etc.

(f) Porciones normadas y pérdidas al servir: El servir porciones normadas o el controlar las porciones es importante no solamente para el control de costos, sino también para crear y mantener un sentimiento de satisfacción y buena voluntad por parte de los clientes y consumidores. A nadie le gusta recibir porciones menores que las de otros clientes, por el mismo precio. El control de porciones empieza con la compra de alimentos de acuerdo con especificaciones precisas de manera que se conozca lo que rinde cada alimento, el próximo paso es el establecimiento de lo que rinde cada alimento, y por último el establecimiento y uso de recetas de acuerdo con las normas establecidas que incluyan el número y tamaño de las porciones que cada receta debe rendir.

(g) Costo de comidas para empleados: Debe llenarse un registro exacto del número de comidas que se sirve a los empleados, cuya cantidad multiplicada por el costo por comida ya establecido, será igual al costo total de las comidas de los empleados.

2. Costos de mano de obra: Los costos de mano de obra son más difíciles de controlar que el costo de alimentos. Hay algunos factores que inciden en el costo de mano de obra, como son el tipo de servicio y la extensión de los servicios ofrecidos, las horas de servicio, la clase de menú, la planta física, el tamaño y el arreglo de las unidades de preparación y de servicio, las condiciones de trabajo, la cantidad, la clase y distribución del equipamiento automático, el programa y las normas sobre selección del personal, el adiestramiento y los horario de empleados, la cantidad y adecuación de la superación, la escala de salarios, el promedio en la rotación de los empleados y las normas que deben mantenerse en la producción y los servicios.

3. Otros gastos: El control no termina con la consideración de costos de alimentos y personal ya que el 12 al 18% del presupuesto del departamento se emplean en otras partidas de gastos fijos como son: lavandería, artículos de aseo, mantenimiento, artículos de oficina, depreciaciones.

Las causas que provocan la variación del porcentaje del beneficio bruto:

★ Incremento en precio de los alimentos que se compran por las variaciones continuas de los precios del mercado.
★ Variación en la composición de los platos, ya que hay platos que tienen más incidencias en las ventas y son los que más afectan el costo final de una instalación.
★ Mermas de elaboración en las diferentes fases del proceso productivo de un plato, sobre todo de los productos cárnicos por mermas de descongelación subproductos, residuos sanos y desperdicios.
★ Hurtos y desviaciones al hacer uso indebido de un producto de una calidad dada para elaboraciones de una calidad inferior.
★ Falta de control en las raciones servidas a la hora de hacer la elaboración final de un plato de comida para sevir al cliente.
★ Deficiencias en las compras por la falta de estándares o especificaciones de calidad claras por la gerencia de alimentos y bebidas de una instalación gastronómica, o por la poca gestión

de búsqueda de los productos solicitados por parte de la sección de compras o aseguramiento de la instalación.

* Mala selección de los proveedores por parte de la sección de compra y/o pagos excesivos a los vendedores por la poca habilidad de negociación, mala gestión o facilismo del equipo encargado del aseguramiento logístico de un restaurante.

* Errores de cálculos de las normas de mermas de un producto y de los reales efectuados de los productos   por desconocimiento, falta de capacitación o mala intención de aquellos encargados de realizar las mediciones y cálculos y/o de aquellos encargados en controlarlas.

* Variaciones en la composición de los elementos consumidos por la clientela (Ej.: el descenso en las ventas de asados y aumento en las ensaladas en las épocas veraniegas).

* Falta de control de calidad en la recepción y despacho de alimentos así como en los momentos de su elaboración.

Precio del plato

En el precio del plato influyen varios factores controlables ya conocidos como son:

- costo de la mercancía utilizada
- gastos de mano de obra
- gastos generales de operación
- el beneficio neto esperado.

De todos los elementos a tener en cuenta en el precio calculado el elemento más importante que podemos asociar al costo de un plato es el costo de los alimentos, ya que el resto es imposible de llevarlos a un plato, y si prorrateamos el gasto de estos el control sería mucho mayor que la eficiencia de esta información para el cálculo que se quiere.

El precio calculado del plato hay que redondearlo y este precio redondeado hay que compararlo con el precio del mercado, si este es menor que el fijado por el mercado obtendremos beneficios adicionales a las ganancias netas prevista en el cálculo previo, y si es mayor se disminuiría este beneficio, de aquí que se tenga que hacer un análisis de hasta cuando podemos competir por precio y costo con un plato en el mercado seleccionado.

Además del precio fijado por el mercado intervienen otros factores relevantes como son:

- la calidad de mi producto con relación a la calidad del producto de la competencia
- la existencia o no de competencia cercana de un producto similar al de mi establecimiento

y con todos estos elementos a tener en cuenta en el precio definimos al final cual es el precio final de cada uno de los platos de la oferta de mi carta menú.

El procedimiento básico para determinar los porcientos para el cálculo de un ficha u hoja de costo y precio es:

1. Determinar el porcentaje correspondiente al beneficio bruto necesario para cubrir los costos de mano de obra, gastos generales y beneficio neto.

2. Calcular el costo de los alimentos.

3. Restar el porcentaje de beneficio bruto de 100 para determinar el % correspondiente al valor de los elementos a adquirir.

4. Cálculo del precio mínimo de venta se basa en la división del costo del valor de los alimentos o bebidas por el % del valor de la compra y multiplicado por 100.

Precio de venta = [(costo de los productos)*100] / % de los costos de A+B

5. Análisis de este precio calculado con los de la competencia y ver sus posibles variaciones, reajustar los cálculos diseñando los costos.

Ejemplo #1

Nombre del Platos: Estofado de Cordero
Cantidad de raciones por norma: 4 porciones

Cantidad	U.M.	Artículos	Precio Costo	U.M..	Costo
600	gr	Cordero	4,95	Kg	2,97
500	gr	Patatas	0,45	Kg	0,225
100	gr	Cebollas	0,75	Kg	0,075
100	gr	Apio	1.35	Kg	0,1135
100	gr	Puerros	1,20	Kg	0,12
100	gr	Cebollitas	1,20	Kg	0,12
		Condimentos			0,75

Costo total de los alimentos		4,395
Costo total de los alimentos por ración	(40%)	1,09875
Beneficio Bruto	(60%)	1,648125
Precio de venta calculado por ración		2,746875
Precio de venta redondeado por ración	(15%-B.N.)	2,75
Precio a cobrar fijado por el mercado		2,25
Beneficio neto total	(12,27%)	0,276=0,28

Ejemplo #2

Nombre del plato: Lenguado a la Catalana
Cantidad de raciones por norma: 12

Cantidad	U.M.	Artículos	Precio Costo	U.M..	Costo
3000	gr	Lenguado	2,85	Kg	8,55
100	gr	Aceitunas	2,25	Kg	0,225
100	gr	Cebollas	075	Kg	0,075
500	gr	Champignon	7.50	Kg	3,75
1	bot	Vino Blanco	8,25	bot	8,25
3	U	Huevos	4,50	Doc	1,13
50	gr	Perejil	1,50	Kg	0,07
350	gr	Mantequilla	1,50	Kg	0,525
3	dl	Crema de Leche	3,20	L	0,096

Costo total de los alimentos		22,671
Costo total de los alimentos por ración	(40%)	1,889=1,89
Beneficio Bruto	(60%)	2,835
Precio de venta calculado por ración		4,724
Precio de venta redondeado por ración	(15%-B.N.)	4,75
Precio a cobrar fijado por el mercado		9,75
Beneficio bruto total	(80,4%)	7,84
Beneficio bruto adicional		5,00

Cálculo de los costos de porciones para las recetas estándares:

A. Nombre del plato: Filete de Pescado Amandine
B. Porción: 6 oz. Pescado/#60
C. Número de porciones: 60

Ingredientes	Cantidad	Cost/Unit	Total Cost
1	2	3	4
Filete de Pescado	22 ½	$2,85	$64,13
Almendras	1	$3,26	$ 3,26
Mantequilla/Margarina	1 ½	$1,35	$3,38
Jugo de limón	½ taza	$1,90/16 oz (2 tazas)	$0,48
Cáscara de limón	3 limones	$0,25/cada uno	$0,75
Sal		-	-
Pimienta		-	-
		Total	$72,00

$72,00	÷	60	=	$1,20
Total Cost		Número de		Estándar
(col. 4)		Porciones (c)		Costo por porción

Cálculo de los costos de las comidas:

| Nombre del plato: Filete de Pescado Amandine | | | | | | | Fecha: XX/XX/XX |
Artículos						Costo de la porción	
Entrée	Pescado Amandine	$1,20					
Veg.	Del día	0,12					
Papas	Opcional	0,12					
Ensalada	Vegetales mixtos	0,40					
Aliño	Opcional	0,15					
Jugo	Tomate/Piña	0,12					
Pan	Barra	0,15					
Mantequilla	Mantequilla	0,06					
Otros:							
Presentación	Naranja/limón/perejil	0,05					
Condimentos	Salsa Cóctel	0,08					
		$2,45					

Determinación del costo global estándar de alimentos:

A pesar de utilizar las recetas estándar, con las cuales obtenemos los costos estándar de los alimentos, no podemos comparar estos costos con los reales, ya que estos son calculados de una manera global, no de manera individual para cada ítem, por lo tanto debemos tener una cifra de costo global estándar de alimentos para contrastarla con la real.

Muchos directivos utilizan métodos subjetivos para la fijación de precios, basados en la intuición y un especial conocimiento de lo que el cliente está dispuesto a pagar.

Ejemplos:

- Métodos de precios razonables.
- Método del precio más alto.
- Método del precio Líder en pérdidas.
Otros emplean métodos más objetivos como:

- Porcentaje deseado de costo de alimentos.
- Fijación de precios según beneficios.

Porcentaje deseado de costos de alimentos:

El directivo, utilizando estadísticas propias anteriores, de otros establecimientos, del sector, etc., determina cuál sería el costo de alimentos deseados.

Precio de venta = costo estándar del plato /porcentaje deseado de costo de alimentos
Precio de venta = 1,50$/0,33 = 4,55$

El método se basa en el supuesto de que cuanto menor será el porcentaje de los ingresos que dedicamos a pagar alimentos, mayor será el porcentaje del ingreso disponible para los demás gastos y para el beneficio, sin embargo esto puede llamar a engaños.

Plato	Costo del plato	Precio de venta	Porcentaje del costo de los alimentos	Margen de contribución
Pollo	1,50$	4,50$	33%	3,00$
Ternera	3,00$	7,00$	43%	4,00$

Fijación de precios según beneficio:

Este método asegura que los requerimientos de beneficios y otros gastos a parte de la comida son incluidos en la decisión del precio.

Ejemplo

Ventas previstas = 300,00$
Gastos distintos a alimentos = 189,00$
Beneficio requerido = 15,00$
Costo del plato tolerado = 300,00$ - 189,00$ - 15,00$ = 96,00$
A partir de esta cifra obtenemos el porcentaje del costo del plato
Porcentaje del precio del plato previsto o presupuestado = 96,00$/300,00$ = 32%
Precio de venta = 1,51$/0,32 = 4,69$

Cálculo del costo de un banquete

Para el cálculo del costo de un banquete hay que tener en cuenta elementos adicionales que se le cobran al cliente además de los gastos generales de un plato y el de la mano de obra de elaboración la de la mano de obra del servicio, el costo de la bebida, el costo de los adornos de dicho banquete que se alquilen o contraten a terceros, contratos de grupos musicales si los hubiere, y como es lógico un % de beneficio neto a obtener que normalmente oscila entre un 10% y un 20%. También en algunos casos se le agrega a estos cálculos el costo por alquiler de salón donde va implícito depreciación y energía eléctrica posible a consumir y este puede ser por horas

Ejemplo #3

Cálculo del costo y el precio a cobrar banquete para 120 personas (pax) si:
Costo de los alimentos es de $6,75 por persona
Adornos florales y tabacos $75,00
Orquesta $160,00
Mano de obra adicional $690,00
Gastos generales el 20% del precio total
Alquiler de salón $150,00
Beneficio netos a obtener el 10%

Costo total por platos del banquete	$ 810,00	incluye una bebida
Costo de mano de obra adicional	$ 690,00	
Adornos florales y tabacos	$ 75,00	
Orquesta	$ 160,00	
Sub total	$1735,00	
Gastos generales 20%	$ 347,00	Esto es un error ya que el cálculo del %
Beneficio neto	$ 173,50	deben estar sobre el precio de costo
Sub total	$2255,50	
Alquiler de salón	$ 150,00	
Total	$2405,50	

Pero si decimos que los gastos generales y el beneficio neto representan el beneficio bruto del banquete estaría el 30% del precio de venta del banquete, y por lo tanto los $1735,00 es el 70% del precio final este sería $2478,57 que redondeado sería $2480,00 y con el alquiler del salón llegamos a $2630,00 lo que representa $224,50 más que por la aparente formula de sumar indicadores

Costo de la carne

En el costo de la carne hay que tener presente una serie de mermas que pueden ocurrir en su proceso de elaboración como es la de descongelación, el porcionamiento y la cocción, por lo tanto el cálculo del precio de la carne una vez preparada y lista para servir se hace mediante las fórmulas:

1.- Precio de la carne cruda por kilogramo de peso por el peso de la carne cruda expresada en kilogramos, entre el peso de la carne una vez porcionada.

2.- El precio de cada ración por servir es igual al precio de un kilogramo de carne cruda por el peso de la carne cruda entre el número de raciones a servir.

3.- El precio de un kilogramo de carne porcionada y preparada es igual a el precio de un kilogramo de carne cruda por 100 entre el porciento de la carne preparada respecto a la carne adquirida.

Estos son tres distintas formas para el cálculo del valor de la carne.

Ejemplo # 4

Supongamos que se compran 36 Kilos de carne a un precio de $1,35 el Kg, lo que se supone un gasto total de adquisición de la mercancía de $48,60. Una vez deshuesada, recortada, cocinada y trinchada se han obtenido 240 raciones de 90 gramos cada una.

El costo de cada ración a servir resulta ser $0,203, que se redondea en $0,21, o lo que es igual a: 240 raciones de 90 gramos c/u = 21,6 Kg de carne lista para servir. $48,60 / 21,6 Kg = $2,25 el Kg de carne cruda y no el de $1,35 por Kg que inicialmente se tenía

Este valor se compara con el precio de venta de la entidades procesadoras y los de la competencia, y se toma en cuenta el costo de la mano de obra y otros gastos inferidos en su procesamiento y se define que es más rentable, si el comprarla ya procesada o comprarla en piezas mayores y procesarlas en la entidad.

Ejemplo #5

Una pieza de 20 Kilos tiene un precio de $0,90 el Kilo, para un valor total de $18,00. Una vez despiezada las porciones que se obtienen de cada clase son las siguientes;

- Solomillo   6,0 Kilos
- Solomo   3,5 Kilos
- Filete   1,0 Kilos
- Carne para estofado   4,0 Kilos
- Huesos   5,0 Kilos
- Desperdicios   0,5 Kilos
                          20,0 Kilos

Las mermas en peso por descongelación pasaron al almacenamiento y la pieza una vez descongelada y pesada se facturo con su precio de adquisición congelada por el almacén. Los desperdicios no tienen prácticamente ningún valor y el precio de los huesos es de un 10% de valor total de la mercancía inicial, por lo tanto es de $0,09 por Kilo, para un total de $0,45 en la pieza completa, lo que da un valor real a la carne de $17,55. La parte que se obtiene aprovechable para estofar puede valorarse al precio normal del mercado de $0,80 el kilogramo, para un total de $3,20, por lo que realmente se adquirieron 10,5 Kg de solomo, solomillo y filetea un importe de $14,35.

Suponiendo que los precios en el mercado son de:

Solomo $2,55
Solomillo   2,10
Filete   2,80

Tendremos entonces:

PIEZAS	$ / KG	KG	VALOR EN $
SOLOMO	2.55	3.5	8.94
SOLOMILLO	2.10	6.0	12.60
FILETE	2.80	1.0	2.80
TOTAL			$24.34

Si el costo real es de $14,35 entonces el coeficiente de reducción sería de 14,35 / 24,34 = 0,5895 ~ 0,59

Lo cual nos daría una tabla real de:

PIEZAS	($ / KG)coeficiente	KG	VALOR EN $
SOLOMO	1.50	3.5	5.25
SOLOMILLO	1.24	6.0	7.44
FILETE	1.65	1.0	1.65
TOTAL			$14.34

Lo que es lo mismo a un ahorro relativo de $10,00 que es mucho más que los gastos posibles a incurrir en gastos fijos para la elaboración de las piezas

Capítulo 14: Estrategia para gerencia de un restaurante.

En otros tiempos solo bastaba con concentrarse en la productividad y la eficiencia de las operaciones del restaurante para que el negocio marchara exitosamente porque el entorno competitivo parecía estable. Lamentablemente esos tiempos han cambiado y las empresas se han visto obligadas no solo a mirarse por dentro, sino también a estudiar su comportamiento exteriormente evaluando la aceptación en el mercado de lo que ofrece, la satisfacción y fidelidad de los clientes, las relaciones calidad – precio y todas aquellas cuestiones que desde fuera pueden tener una influencia en el desempeño eficiente y la competitividad de la organización.

Esos cambios, que ocurren tan rápidos, conducen a que el enfoque tradicional de dirección adopte una actitud estratégica de forma tal que el despliegue de recursos se haga sobre bases sólidas, fundamentadas y que conduzcan a resultados positivos en el mediano y largo plazo, lo que consecuentemente genera cambio de valores en el entorno, aumenta la incertidumbre, el ciclo de vida de las estrategias se reduce, la visión de las ventajas comparativas que anteriormente eran fuentes de información importante conducen a mirar esas ventajas de forma competitiva.

Alberto Wilensky en su libro "Claves de la Estrategia Competitiva[1]" plantea que "…conducir un negocio no es en sí mismo peligroso, pero en las economías competitivas generalmente no se sobrevive al descuido, la negligencia o la falta de aprendizaje y entrenamiento. Quien conduce el negocio y define estrategias es el único responsable por la seguridad de los recursos humanos y financieros comprometidos en el proyecto. Que el viaje sea un "crucero distendido" o una "ruleta rusa" depende más del comandante que de los pasajeros y éste de su capacidad de análisis, evaluación y resolución…"

La aplicación de estrategias en la dirección de restaurantes se han convertido en un poderoso instrumento mediante el cual se analizan las condiciones y el comportamiento del cliente mercado, las situaciones competitivas, las ventajas y los inconvenientes en la introducción de nuevos productos (alimenticios y de servicio), los precios, la comercialización (cómo, dónde o cuándo vender), los recursos humanos, materiales y financieros de publicidad y promoción, etc. Ellas, en opinión de la mayoría de los estudiosos y tratadistas del tema constituyen un factor determinante en el resultado de la empresa y la clave del éxito de la gestión de dirección en el servicio de alimentos y bebidas.

¿Qué entendemos por Estrategia?

Fusionando diversos criterios podemos decir que es un modelo anticipado de comportamiento, que en su esencia debe recoger elementos positivos y diferentes del pasado, o sea, un conjunto de conocimientos acumulados de la organización y del entorno que deben ser ordenados, integrados y organizados de forma tal que permita identificar a qué renunciar si se compromete el futuro. Es optimizar la posición y los resultados de la instalación a corto, medio y largo plazo aprovechando sus ventajas competitivas y las debilidades de la competencia.

¿Estrategias en el restaurante?

Increíblemente, aún andan por este mundo personas que piensan que un buen plato, a un buen precio, y una bonita decoración – ambiente del local, es suficiente para atraer a clientes. Y un poco más allá, todavía quedan los que piensan que mientras su restaurante esté lleno, está siendo rentable.

Entonces, cabe preguntarse…. ¿Funciona?

En artículos anteriores, abordé un grupo de herramientas, que hoy pasan a un plano secundario, para el análisis de la rentabilidad de la oferta en el restaurante y su incidencia en los resultados económicos y financieros, permitiendo obtener la información necesaria para la toma de decisiones. Traté de ser lo más científico posible en ese aspecto con un lenguaje sencillo para que se comprendiera la esencia de la idea, que en ellos traté de trasmitir, pero hoy, deben ser vistas como un complemento en la dirección y administración de restaurantes. Ellas no son suficientes para que el negocio alcance esplendores de éxito.

Explico esto porque, aunque cualquier herramienta que facilite la toma de decisiones, es bienvenida; si sólo nos concentramos en ellas, y no tenemos presente la experiencia pasada, la competencia, la tecnología y un cúmulo de cuestiones que son importantes, las interpretaciones que de ellas hagamos no conducirían a mucho. Tal vez, solucionemos un problema inmediato, pero a largo plazo tendrá sus consecuencias.
Pues bien, si no tenemos presente esos aspectos, lamentablemente, cualquier información que las herramientas anteriores nos proporcionen no será suficiente para que el restaurante - locomotora que manejamos - siga su curso.

Imagine que en una Ingeniería de Menú usted identifique platos vacas, (altamente populares y poca contribución en ganancias) y decida accionar sobre ellos para tratar de llevarlo al otro cuadrante (estrella). Decida incrementar su precio o disminuir el gramaje, infiriendo que mantendrán su popularidad y aumentarán su contribución en dineros.

Usted aplica esa decisión y…. su plato vaca, ahora es un plato perro. ¿Qué pasó?

Nada, sencillo:

- Usted no consideró a la competencia, que ofrece un plato similar, a un precio similar o más bajo.

- Usted no consideró que quienes consumían esos platos eran, posiblemente estudiantes universitarios, o trabajadores de una empresa que acudían a su restaurante buscando una oferta "barata y buena" para el almuerzo.
- Usted no tuvo presente los cambios en el entorno (cierre de una fábrica, fin del curso académico de una escuela y muchas otras).
- Usted no revisó las fichas técnicas del plato.
- Usted no asentó correctamente en los escandallos del Sistema informático, todos aquellos productos que componen ese plato y su costo es falso.
- Usted no tuvo presente la situación financiera del país.
- Usted no ha sabido identificar claramente para que nicho de mercado trabaja.
- Usted no ha se ha proyectado como empresa estratégicamente.

Y, así, puedo enumerarle un conjunto de cuestiones, que si no se tienen presente a la hora de interpretar un número, por muy pequeño que sea, pueden lejos de mejorar, empeorar las cosas.

¿Qué le propongo?

Estimado lector. Sobre estrategia se ha escrito mucho y bien. Entonces le propongo un grupo de acciones, que en lo personal me han sido de mucha utilidad con mis estudiantes, fuente de retroalimentación, para que usted las tenga en cuenta.

Primero. Siempre que tenga que tomar una decisión estratégica para el negocio, pregúntese en qué se beneficia el restaurante. Por ejemplo, en un caso típico de inversión en tecnología, aunque sea de las más modernas, tal vez su negocio no la necesite porque el éxito de él radica en la elaboración de sus platos al estilo casero. O porque el conjunto de platos que usted ofrece no requieren de ella. Si invierte, usted dispondrá de una de las más modernas de las tecnologías… prácticamente de adorno. Su dinero está inmóvil.

Segundo. Cuánto debo sacrificar para obtener lo que quiero. Asegúrese de que lo que usted quiere para su restaurante lo quieren sus empleados y sus clientes. No piense a su imagen, piense a la imagen de los demás.

Tercero. Tenga siempre identificada sus debilidades y fortalezas como oferente. Pregúntese qué es lo mejor de mi restaurante, qué tengo que no tienen los demás y que tampoco lo pueden imitar. De igual manera, qué no tengo y qué si tienen los demás.

Cuarto. Estudie el entorno. El hecho de que el negocio marche bien hoy, no es razón para dejar a un lado lo que ocurre a su alrededor.

Quinto. Hable con sus empleados, retroaliméntese. Ellos pueden tener ideas brillantes o argumentos convincentes para que adopte una decisión. También comprométalos. No asuma sólo los reveses, hágalos colectivos, como también las victorias. Sus empleados fácilmente pueden moverse hacia donde mejor beneficio obtengan y en donde son mejores atendidos. Enséñelos a ser leales, a sentir como suyo el negocio.

Sexto. No solo se enfoque en lo que pase afuera, mírese por dentro. Haga una fotografía de su negocio diariamente y trate de percibir los cambios que en él ocurren. ¿Están motivados mis trabajadores? ¿Disponen de los recursos necesarios para el servicio? ¿Trabajan en equipo, se siente un equipo?

Séptimo. No se niegue a capacitar a sus trabajadores. Ellos son el mejor recurso con el que usted cuenta. Ellos son los que conversan cara a cara con el cliente, los que perciben la satisfacción, los que reciben las quejas, los que conocen lo qué quieren, cómo lo quieren y cuándo lo quieren. Ellos son los embajadores de su restaurante en el entorno.

Octavo. Lo que no sepa o entienda en temas financieros, pregúntelo. No siempre tiene porque saberlo todo. Es mejor preguntar, consultar, que quedarse con la duda. Si no entiende cómo deprecian sus activos, o porque aumentaron los costos, o cómo planificar su presupuesto, proyectar gastos y estimar las ganancias de su negocio, contrate a un consultor. De igual manera, pasa con el servicio, si usted no domina la actividad que ofrece, muchas personas (empleados desleales y hasta la competencia) se aprovecharán de ello.

Noveno. Administre su tiempo. No solo se concentre en las actividades burocráticas. Destine un tiempo para observar el servicio, las elaboraciones, a sus empleados. Esto además de permitirle identificar fallo, mejorar procesos, establecer normas, mostrarán a un jefe interesado.

Décimo. De vez en cuando, atienda a algún cliente, intercambie con él. Identifique a sus repitentes y tenga alguna acción para con él. Eso le dará distinción al restaurante…. "en ese restaurante, el gerente también sirve"

Finalmente, aprenda a combinar. No sólo sea el Gerente que controla y exige. Sea el Gerente que enseña y que aprende.

Decisiones estratégicas de restaurantes

Es importante recordar que la empresa vista como sistema, para poder evaluar aquellos cambios a los que debe someterse, debe realizar un diagnóstico estratégico. Ese diagnóstico que comprende el estudio del macro y micro entorno, del sector y el mercado en que se desenvuelve, además del análisis interno, le permite identificar aquellos problemas estratégicos y las posibles alternativas para poder hacerle frente, para lo cual formula una estrategia, que se implementará a partir de la definición de una serie de objetivos que, entre otros, comprenderá: el diseño de la oferta; la organización de los procesos; la elaboración de un cronograma y del presupuesto financiero, así como la identificación de los distintos riesgos que puedan presentarse y cómo enfrentarlos.

Asimismo cabe decir que es normal que muchas organizaciones no formulen su estrategia de acuerdo a modelos formales, sino que afrontan dificultades para hacerlo y que recurren a la informalidad y la creatividad para responder a los cambios del entorno.

Al existir una estrategia, la organización se involucra en un complejo y continuo proceso de toma de decisiones, que en su proceso de control van a constituir referentes sobre los distintos procesos y la introducción de mejorar a los mismos.

En este sentido, y como preámbulo a el por qué se realiza un diagnóstico y se formulan e implementan estrategias, es conveniente hablar de:

El poder de las decisiones estratégicas

Como siempre, aclaro que los elementos que aquí expongo los trato a juicio personal, y mi primera consideración radica en que la toma de decisiones "estratégicas" para la organización, viene a constituir el meollo de cualquier directivo y por tanto el análisis que haré estará enfocado en cómo impactan las mismas dentro de la organización y en la competencia.

Una decisión que aparentemente puede identificarse como alternativa única para la solución a un problema o la base para poder enfrentar algo que se avecina y que ha sido percibido con anterioridad, no necesariamente puede ser la respuesta a dicho problema y esto viene dado por:

- La falta de información.
- La inexperiencia.
- La centralización de toma de decisiones.
- La no conciliación de las oportunidades que brinda el entorno con las fortalezas de la empresa.
- La no consideración de las amenazas con las debilidades de la organización.
- La inexistencia de recursos económicos y financieros suficientes.
- No involucrar a los recursos humanos.

Y así un sin fin de elementos que si no se tienen presente, van a incidir sobre los resultados y consecuentemente generarán situaciones que requieren nuevamente de decisiones para poder enfrentarlas.

Una decisión mal tomada puede conllevar al quiebre

Comúnmente decimos que podemos equivocarnos en algo y rectificar. En el plano empresarial, y fundamentalmente en un restaurante, eso puede suceder, pero igual puede ser catastrófico, porque nunca habrá una segunda oportunidad para poder remediarlo.

En cada artículo que he publicado, siempre defiendo la idea de que la empresa es un sistema; y tal vez pueda parecer repetitivo; pero para poder lograr el éxito es una base sólida que permitirá implicar a todas las áreas en el logro de cualquier objetivo.

El esfuerzo de una, dos ó tres personas nunca va a ser el mismo que el de veinte ó treinta o cien personas. Mientras más personas comprometidas con el desarrollo de la organización, mejores resultados podrán obtenerse, porque el error de uno podrá ser remediado, en un muy corto plazo, por el de los otros noventa y nueve.

Todos podemos y debemos tomar decisiones

Cuando decimos que todos debemos y podemos tomar decisiones, lo digo a juicio de que cada uno en su puesto de trabajo es responsable de que las cosas salgan bien. El administrador es responsable de que la organización responda adecuadamente a las necesidades de los clientes. El Jefe de área, de que su área disponga de los medios y recursos necesarios para llevar a cabo sus funciones, y el trabajador de hacer lo que debe hacer.

Una decisión administrativa repercute sobre las áreas y los trabajadores. Una decisión de un área en particular tiene influencia sobre el resto de las áreas vinculadas y los trabajadores y, una decisión de un trabajador, en su puesto de trabajo, puede implicar un cambio total en la empresa.

Por ejemplo: El restaurante, a partir de un estudio realizado a la competencia, ha podido percibir un ligero descenso en los precios y eso ha influido sobre el número de clientes que está atendiendo y la razón por la que los ingresos no se están comportando estableمente. Estratégicamente decide disminuir sus precios también, pero para ello el área comercial debe decidir sobre a qué proveedores comprar, al chef hacer las especificaciones de compra, al almacenero priorizar la salida de las materias primas más baratas y de mayor existencia, al cocinero evaluar cómo cortar la carne para que le rinda mejor y no se afecte la calidad ni el gramaje de lo que ofrece y al dependiente cómo hacer que se venda.

Lo anterior expresa el grado de concatenación entre una decisión y otra, y que estas pueden bidireccionalmente tener un alto impacto en el logro de los objetivos.

Lo que intento mostrar es cómo las decisiones directivas ejercen un alto impacto sobre las decisiones que deben tomar las diferentes áreas, a su vez en los trabajadores y finalmente sobre los clientes.

Así mismo, cómo las decisiones que pueden tomar los trabajadores en su puesto de trabajo van a tener un efecto sobre los clientes y la dirección de la empresa y como cualquier decisión que tomen los clientes van a obligar a la empresa a ajustar sus decisiones y adoptar nuevas.

En este sentido, el cuidadoso examen de la información de la que se disponga para adoptar decisiones debe ser la base de todo el proceso. Para poder dar cumplimiento a los objetivos planteados por la empresa, la primera decisión debe estar asociada al grado de conocimiento que sobre ellos deben poseer los trabajadores para poder comprometerlos con los resultados.

Cualquier decisión puede ser estratégica

Quizás los estudiosos del tema no compartan conmigo esta afirmación, pero lo cierto es que una decisión, aparentemente intrascendente para algunos, puede tener un grado tal de influencia que su efecto, a corto o largo plazo, puede conducir a cambios relativamente importantes dentro del restaurante.

No sólo las grandes decisiones son las que conducen al éxito o al fracaso. Pequeñas decisiones como cambiar el horario de apertura o de cierre del restaurante, o el cambio, sólo en algunos centavos del precio de venta de un producto; o la distribución de las mesas motivarán o desmotivarán al personal de servicio y clientes; y si esto ocurre se verá reflejado en la atención al cliente o la decisión de este último de hacer uso de los servicios que se ofertan.

El estudio previo, aplicando los diversos instrumentos, o la conciliación con los que ejecutarán las órdenes que se traducen de la decisión adoptada, debe ser un paso inviolable para que los efectos de las mismas se correspondan con la intención por la que son tomadas.

Las decisiones empresariales, de cualquier índole, siempre se verán expresadas en resultados:

Tipo de decisión	Se reflejará en:
Definir el nombre del restaurante	El grado de conocimiento que tenga el cliente sobre el producto.
Contratar al personal	La satisfacción de los clientes en cuanto al servicio.
Invertir en un nuevo equipamiento	La calidad del producto que se elabora a partir de él.
Comprar a cierto proveedor	Las existencias en sus almacenes.
Fijar precios	La capacidad de compra de los clientes y la aceptación o no de los mismos.
Variar la oferta	En el crecimiento o descenso de los clientes.

De alguna manera, cualquier tipo de decisión que se tome en el restaurante puede convertirse en estratégica, es por eso que ALERTO al los administradores en este sentido, porque aparentemente decidimos sobre algo que sólo creemos impactará dentro del restaurante y, sin embargo, puede traspasar las fronteras del mismo.

Las decisiones también impactan sobre la competencia

Tenga siempre presente que usted trabaja con seres humanos y que el hecho de que compitamos con otra organización no necesariamente tiene que ser razón para que compitan sus recursos humanos. La crisis actual ha condicionado que los empleados acepten cualquier tipo de empleo para poder resolver su situación económica y muchos de los antiguos trabajadores de otros restaurantes se han tenido que mover hacia el suyo y viceversa.

Tomando como referencia el ejemplo descrito más arriba, podemos finalmente mostrar cómo las propias decisiones de la empresa también impactan sobre la competencia, positiva o negativamente, desde el ángulo en que se mire.

En este sentido el análisis nos permitirá interpretar que sus trabajadores podrán multiplicar sus experiencias en sus nuevos puestos. Eso quiere decir que la competencia no tendrá que invertir en grandes estudios para poder obtener aquella información de usted, que en otro momento le era difícil conseguir.

Si sus antiguos trabajadores estaban desmotivados más fácil se convierte el asunto para la competencia. Si estaban motivados iguales, porque podrán, en busca de obtener los mismos beneficios, realizar comparaciones o expresar sus ideas.

De este modo es conveniente que la empresa no siempre ponga a relieve todas sus aspiraciones o formas de hacer. Lo anterior le parecerá contradictorio, pero una de las principales decisiones estratégicas en el restaurante, insisto, a mi juicio personal, será la de hacer lo que corresponde en el momento que corresponde.

Pero mucho más importante que cualquier filtrado de información que por diversas causas ocurran desde los empleados, viene a ser la que puede generar el cliente.

La información que el cliente emite puede llegar a constituir un arma estratégica para la competencia. Ella se aprovechará de la misma y actuará en función del sentido en que haya sido emitida y adoptará o tomará decisiones en correspondencia con la exigencia o necesidad que el cliente haya hecho entrever.

Resumiendo:

Creo que lo más importante del asunto no radica sólo en la interpretación fría de los resultados de algunos instrumentos que hayan podido aplicarse en el diagnóstico, sino en que se comprenda la trascendencia de que las decisiones que se tomen en función de garantizar la supervivencia del negocio, pueden ser estratégicas desde el punto en que se mire y el impacto que puedan tener.

A veces no percibimos que algo muy sencillo puede llegar a constituir un gran problema y enfocamos nuestra atención en lo que creemos será impactante para la organización.

La contención de costos y el aumento de los márgenes de contribución de los alimentos y bebidas que ofrecemos sólo es posible si acoplamos todos los esfuerzos.

El cumplimiento de cualquier objetivo es solo posible si se adoptan las medidas adecuadas.

Finalmente, y para ir resumiendo el tema, que también se hace un poco complejo, decir que:

1. El diagnóstico estratégico viene a ser la antesala de lo que queremos y podemos hacer de acuerdo a nuestros recursos y capacidades para transformar o adaptar el negocio a las condiciones en que se mueve el entorno.
2. Las decisiones estratégicas pueden dejar de serlo si no son aplicadas correctamente.
3. El sentido de dirección e interpretación de las decisiones es bidireccional. Las decisiones ejecutivas impactan sobre toda la empresa, las decisiones departamentales impactan sobre las demás áreas o no, pero si sobre los trabajadores y clientes. Las decisiones de los trabajadores van a tener un alto impacto sobre los clientes y las de éstos últimos sobre la competencia.
4. Los análisis no sólo deben partir de los criterios externos o internos, sino que ambos deben ser analizados de forma conjunta.
5. No sólo toman decisiones los directivos, sino que los trabajadores en sus puestos también lo hacen.
6. Los clientes toman decisiones y son los que hacen u obligan al negocio también a cambiar.

Estimado lector:

Vivo en una isla del Caribe, donde estamos constantemente amenazados por huracanes, pero la gran escuela de la vida nos ha enseñado a prepararnos desde que conocemos la existencia de una tormenta tropical. Así debe ser en el restaurante.

Es por ello que le recomiendo que tome decisiones, pero decisiones estudiadas. No sólo se concentre en los grandes problemas sino en los pequeños que pueden llegar a convertirse en catastrofe.

Capítulo 15: El presupuesto del restaurante. Su planificación y control

Ellos…. tienen su historia

Si, los presupuestos no son instrumentos que nacen en la modernidad, sino que comienzan a hacer la modernidad. Sus orígenes datan de finales del siglo XVIII cuando se presentaba al Parlamento Británico los planes de gastos del reino y se establecían las pautas para su ejecución y control. Etimológicamente se deriva del francés antiguo *Bougette* o bolsa, cuya acepción intentó perfeccionarse posteriormente en el sistema inglés con el término *Budget* de conocimiento común y que hoy conocemos como presupuesto.

Luego de la Primera Guerra Mundial, justo cuando el sector industrial comienza a crecer, el sector privado percibió que el control de los gastos por medio de presupuestos permitía obtener mayores márgenes de rendimiento durante los distintos ciclos de operación y comienza a emplearlo como un instrumento de control y gestión en las empresas.

Definen estrategias

Para tomar decisiones es preciso conocer qué queremos lograr y con qué contamos para ello. Por supuesto que para que cada tarea que esté asociada a las aspiraciones de la organización puedan ser cumplimentadas, es preciso contar con la información necesaria, que luego de ser recolectada, examinada y comprobada su veracidad va a permitir que se formulen adecuadamente cada una de ellas, y de este modo contribuyan a un uso más eficiente de los recursos humanos, financieros y tecnológicos disponibles.

En este sentido, la planificación viene a constituir una función esencial en todo el proceso de dirección de la empresa, cuyo aporte fundamental viene a ser el propio hecho de que le permite orientarse hacia esas metas futuras y convertirse en un detonador importante, junto con el resto de las funciones que componen el ciclo de dirección, para poder realizar, en el momento oportuno, las adecuaciones o eliminar tareas que así lo requieran, permitiendo, igualmente, que cada acción que se ejecute pueda ser evaluada a partir de lo que realmente se ha realizado.

Lo anterior muestra el papel que juega la planificación en el éxito de cualquier organización, quedando demostrado que para que sea eficiente debe ser flexible, o sea, que sea capaz de adaptarse a los cambios que se identifican entre lo que se ha planificado y lo que realmente está ocurriendo; de igual modo debe involucrar a todos los que intervienen en el proceso como elemento que contribuya a su cumplimiento y compromiso, y por último, debe ser integradora, quiere decir que todos los planes particionados deben estar encaminados hacia un objetivo general para que no ocurran desviaciones y deje de ser útil.

Corresponde entonces a la administración ocuparse de determinar metas o normas para los logros financieros, generalmente mediante un presupuesto planificado, de conocer qué es lo que se está logrando, mediante un sistema de registros que proporcione información pertinente sobre las operaciones corrientes, elaborar la información mediante registros diarios, mensuales y anuales que componen las realizaciones actuales con las normas y por último, llevar a cabo las medidas correctas para lograr que las operaciones estén en armonía con las metas fijadas.

¿Qué es un presupuesto?

La literatura sobre el tema es abundante, y aunque cada autor lo define según su propio sello, todas esas definiciones confluyen con la que ofrece la Real Academia Española de que *es el cómputo anticipado del coste de una obra o de los gastos y rentas de una corporación* (RAE).

No obstante, en la intensa búsqueda de información para enriquecer el presente, me atrajo mucho la que ofrece José Ignacio Antón en su presentación titulada "*El presupuesto. La formulación clásica y su crisis*", donde muy magistralmente plantea que es el "*resumen sistemático, confeccionado en períodos regulares de tiempo y aprobado por el órgano colegiado competente, en el que se establecen las previsiones de gastos e ingresos por parte de un elemento integrante del sector público, con la finalidad de atender a su plan de actuación económica, de tal modo que su aceptación significa, implícitamente, una renovación de la confianza en los gestores de ese componente del sector público*"

Después de lo anterior, queda evidenciado que hablar de presupuestos implica hablar de la base para el éxito. Una organización que no proyecte sus ingresos y planifique sus gastos, navegará por el mar de la competencia a la deriva. El viene a constituir, más que un estado de ingresos y gastos, la fotografía de las aspiraciones de rentabilidad de la organización, detallando, definiendo e individualizando la participación de cada área de responsabilidad y el cómo tributan a los objetivos de la misma y así poder realizar análisis integrales de la gestión en los periodos de tiempo que se seleccionen.

Entrando en materia

Elaborar o proyectar el presupuesto financiero de una organización no es sólo distribuir los dineros por partidas, sino que a partir de él, comienzan a trazarse los distintos caminos para el éxito. Para que un presupuesto responda adecuadamente a los objetivos de la organización, primero se debe conocer en detalle las particularidades de la entidad, enfocándose en sus fortalezas y oportunidades y, sus amenazas y debilidades.

Así mismo se debe fijar el período de tiempo presupuestal; generalmente las organizaciones lo hacen por un año fiscal, pero no obligatoriamente tiene que ser ese el tiempo, sino que pueden ser fijados de acuerdo a las características e intereses de la propia organización, pero conscientes siempre de que debe ser de conocimiento de todos los implicados en su ejecución, porque serán ellos quienes velarán porque no ocurran desviaciones o mal uso de los mismos para que no ocurran competencias internas de éstos con la propia administración, dado a que su ejecución no es automática y limita la toma de decisiones.

Confección del presupuesto.

En una entidad de servicios como son los restaurantes, lo primero que se precisa es conocer la capacidad de carga del mismo, para de acuerdo a los históricos (si existen) estimar la ocupación.

Una vez que se tiene esta información, la administración estará en condiciones de preparar un presupuesto de venta y a partir de él establecer los presupuestos de costos y gastos y con ello obtener los resultados previsionales en el Estado de Resultado, el flujo de caja o efectivo y el Balance General presupuestado.

Presupuesto de Ventas

Sobre cómo calcular el presupuesto de ventas han existido varias teorías, una de ellas es la propuesta basada en el método científico por los norteamericanos Walter Rauntestrauch y Raymod Viller en su obra "Budgetary Control", cuya obra fue criticada, más adelante, pero sin propuesta de solución, por el mexicano Cristóbal del Río González en su libro "El presupuesto". No obstante ambos coinciden en que deben tomarse como elementos para el cálculo indicadores tales como:

- Ventas del año anterior.
- Factores específicos de ventas: (vienen a constituir la variación esperada sobre las ventas reales del período en curso).
  - Ajuste.
  - Cambio.
  - Corriente de crecimiento.
- Fuerzas económicas generales (% estimado de realización de las ventas por la situación económica prevista).
- Influencia administrativa (% estimado de la realización de las ventas por las decisiones de la administración de la empresa).

Y aunque lo anterior parece un poco complejo, puedo decirles que calcular los presupuestos de ventas puede ser simplificado si se cuenta con la información adecuada. En mi opinión existen tres datos que no pueden ser obviados:

- Ingresos proyectados en igual período del año anterior.
- Real de ingresos en igual periodo del año anterior.
- Cantidad de clientes atendido en igual período del año anterior.

Plan (A)	Real (B)	% (C)	Clientes (D)	Ventas (E)
Dato	Dato	(B/A)	Datos	(B/E)

Ahora bien, esos datos desagregarlos según nos convenga, por ejemplo

a) Cuánto se proyectó de ingresos por concepto de:
      a. Alimentos
      b. Bebidas
      c. Otros gastronómicos (pueden ser confituras, servicios de comedor, etc.)
      d. Otros Servicios (alquileres, prestación de servicios en actividades, etc.)

Partida	Plan (A)	Real (B)	% (C)	Clientes (D)	Ventas (E)
Ventas Totales	$ 53000.00	$ 55125.00	104.01	13280	$ 4.15
Gastronomía	**18000.00**	**17375.00**	**96.53**	**4280**	**4.06**
Alimentos	10000.00	9875.00	98.75	2500	3.95
Bebidas	8000.00	7500.00	93.75	1780	4.21
Otros gastronómicos	20000.00	16750.00	83.75	3000	5.58
Otros Servicios	15000.00	21000.00	140.00	6000	3.50

El ejemplo anterior nos informa el promedio de ventas por clientes según cada una de las partidas, los cuales nos servirán de base para aplicar el ajuste correspondiente y determinar el plan de ventas del próximo período.

Para ello se deben tomar en consideración todos aquellos factores, tanto internos como externos que puedan ejercer alguna influencia sobre la organización, y muy importante, si se cuenta con históricos, evaluar el comportamiento de crecimiento o decrecimiento en años anteriores, algunos elementos a considerar como ejemplo serían los siguientes:

Internos:

- Capacidad de carga
- Comportamiento de la afluencia de clientes al restaurante
- Variaciones de precios ocurridas
- Etc.

Externos:
- Nuevas leyes y resoluciones
- Valuación de la moneda en que se opera
- Precios de la competencia
- Etc.

Usted como administrador determinará en qué porciento está la empresa en condiciones de incrementar o disminuir los planes de venta para el siguiente período. Para el ejemplo anterior aplicaré una tasa de crecimiento del 2%.

Partida	Real A. Ant	Plan A. Actual
Ventas Totales	55125.00	56227.50
Gastronomía	**17375.00**	**17722.50**
Alimentos	9875.00	10072.50
Bebidas	7500.00	7650.00
Otros gastronómicos	**16750.00**	**17085.00**
Otros Servicios	**21000.00**	**21420.00**

Una vez proyectadas las ventas, la instalación está en condiciones de poder proyectar sus costos. Es importante que el administrador tenga en cuenta aquellos porcentajes a los que planea operar. En el ejemplo anterior si se realizan los cálculos obtendremos que la instalación trabajó a un 38% el costo de los alimentos y a un 27% el de las bebidas, que son los indicadores fundamentales de la instalación, así como planeó que las otras dos partidas solo costarán el 10% de lo que ingresara.

De este modo, los costos proyectados según plan en el período anterior, fueron como sigue:

Partida	Plan	Real	%	Clientes	Ventas
	(A)	(B)	(C)	(D)	(E)
Costos Totales	9460.00	9106.25	96.26	13280	2.13
Gastronomía	**5960.00**	**5331.25**	**89.45**	**4280**	**1.25**
Alimentos	3800.00	3456.25	90.95	2500	1.38
Bebidas	2160.00	1875.00	86.81	1780	1.05
Otros gastronómicos	2000.00	1675.00	83.75	3000	0.56
Otros Servicios	1500.00	2100.00	140.00	6000	0.35

Tomando en consideración lo anterior, y considerando que los promedios calculados arrojan que el comportamiento de los costos han estado sobre la base de un 35% los alimentos y 25% las bebidas y que el resto de las partidas redondean el 10% de sus ingresos, la proyección de costos con relación al año anterior sería como sigue. Para ello se aplicó el 35% al ingreso proyectado de los alimentos y el 25% a los ingresos proyectados por concepto de bebidas, manteniendo el 10% para el resto de las partidas, quedando como sigue:

Partida	Real A. Ant	Plan A. Actual
Costos Totales	9106.25	9288.38
Gastronomía	**5331.25**	**5437.88**
Alimentos	3456.25	3525.38
Bebidas	1875.00	1912.50
Otros gastronómicos	1675.00	**1708.50**

Otros Servicios	2100.00	**2142.00**

Una vez obtenido estos valores, se puede componer el presupuesto de ingresos y costos como sigue:

Partida	Plan	Real	%	Clientes	Ventas
	(A)	(B)	(C)	(D)	(E)
Ventas Totales	$ 53000.00	$ 55125.00	104.01	13280	$ 4.15
Gastronomía	**18000.00**	**17375.00**	**96.53**	**4280**	**4.06**
Alimentos	10000.00	9875.00	98.75	2500	3.95
Bebidas	8000.00	7500.00	93.75	1780	4.21
Otros gastronómicos	20000.00	16750.00	83.75	3000	5.58
Otros Servicios	15000.00	21000.00	140.00	6000	3.50
Costos Totales	9460.00	9106.25	96.26	13280	2.13
Gastronomía	**5960.00**	**5331.25**	**89.45**	**4280**	**1.25**
Alimentos	3800.00	3456.25	90.95	2500	1.38
Bebidas	2160.00	1875.00	86.81	1780	1.05
Otros gastronómicos	2000.00	1675.00	83.75	3000	0.56
Otros Servicios	1500.00	2100.00	140.00	6000	0.35
% Costo Gastronomía	0.33	0.31			0.31
% Costo Alimentos	*0.38*	*0.35*			*0.35*
% Costo Bebidas	*0.27*	*0.25*			*0.25*

La tabla anterior nos muestra la proyección de un presupuesto de ingresos y costos para una instalación gastronómica. Pero este es solo el comienzo de todo un proceso. Igualmente se deben estimar, siguiendo un procedimiento de comparación y ajustando a los planes de la empresa los gastos en que se incurrirán, por ejemplo:
- Consumo energético (Gas, Carbón, lubricantes, combustibles, etc.).
- Materiales de oficina.
- Gastos por conceptos de telecomunicaciones (teléfono, internet, etc.).
- Lencería.
- Salarios.
- Etc.

Tips para el administrador de restaurantes.

A modo de cierre, aún insatisfecho, les dejo, desde mi humilde opinión, algunos tips relacionados con este tema y que hará efectivo el objetivo de su presupuesto y le facilitará su control:

- Tenga en cuenta los resultados de la organización y las causas que originaron incumplimientos en el pasado.

- Defina la responsabilidad de cada área y al responsable por área de su cumplimiento y control.
- Dele participación a todo su equipo. No asuma sólo la responsabilidad. Compártala
- Revise su sistema contable, asegúrese de que le es fiable y creíble.
- Revise cada ejecución. No tome decisiones sólo en base a los números

Made in United States
Orlando, FL
21 April 2022

17054827R00077